Ulrich Filler

LITURGIE – DAS HERZ DER KIRCHE

fe-medienverlag, kisslegg

Ulrich Filler

LITURGIE
DAS HERZ DER KIRCHE

2. Auflage 2004
© fe-medienverlags GmbH,
Fr.-Wirth-Str. 4, D-88353 Kisslegg
Umschlaggestaltung: Renate Geisler
Druck: Pustet, Regensburg

Imprimatur-Coloniae, die m. 30. Aprilis 2004
Jr. Nr. 106 250 I 90 - + Rainer Woelki, vic.eplis.

ISBN 3-928929-42-9

Kapitel 3

Kapitel 4

Kapitel 5

Liturgische Geräte und Symbole

Kapitel 6

Vorwort

Wenn man die katholische Kirche verstehen will, dann muss man ihren Gottesdienst, die Liturgie, verstehen. Das Zweite Vatikanische Konzil nennt die Liturgie den „Höhepunkt, dem das Tun der Kirche zustrebt, und zugleich die Quelle, aus der all ihre Kraft strömt" (SC 10). Die Feier der Liturgie und in besonderer Weise die Feier der heiligen Messe, die den Mittelpunkt aller liturgischen Feiern bildet, kann deshalb auch zu Recht als das „Herz der Kirche" bezeichnet werden.

Dennoch ist es heute zu einer „Krise der Liturgie" gekommen. Die Zahl der Gottesdienstbesucher geht ständig zurück und immer mehr Christen, insbesondere junge Menschen, empfinden die Liturgie als „langweilig" und verstehen die Verpflichtung zum sonntäglichen Messbesuch lediglich als Zwang und Einengung. Die liturgische Bildung und das Verständnis für das Wesen der Liturgie ist in weiten Kreisen der katholischen Kirche bis auf wenige Reste völlig verdunstet.

Man kann allerdings auch eine gegenläufige Beobachtung machen: Das Bemühen um das Verständnis der Liturgie und die Frage nach ihrem sinngerechten Vollzug bewegt heute viele Christen. So gibt es z.B. in fast allen Pfarrgemeinden Vorbereitungskreise, die sich um die Gestaltung der Liturgie bemühen, und die Zahl der Bücher, die eine konkrete Gestaltungshilfe für Gottesdienste anbieten, ist unüberschaubar geworden.

Dieses Buch will sich aber nicht mit solchen konkreten Gestaltungsmöglichkeiten liturgischer Feiern befassen, sondern gleichsam einen Schritt davor anfangen und die wichtige Frage beantworten: Was ist eigentlich Liturgie?

11

Was feiern wir eigentlich, wenn wir die heilige Messe feiern? Es versteht sich als grundlegende Einführung, die versucht, das Wesentliche zu erschließen, um vor diesem Hintergrund ganz konkrete und praktische Hilfen für das Verständnis und die persönliche, fruchtbare Mitfeier der heiligen Messe zu geben.

Im Vorwort zu seinem bereits 1981 erschienenen Buch „Das Fest des Glaubens" beschreibt Joseph Kardinal Ratzinger das bleibende Anliegen aller Bemühungen und Beschäftigungen mit der heiligen Liturgie der Kirche, dem sich auch diese Schrift verpflichtet weiß:

„Die eigentlich bestimmende Frage ist in allen Beiträgen dieselbe – wie wir nämlich unter den Voraussetzungen unserer Zeit beten und in das Gotteslob der Kirche einzustimmen vermögen, wie Heil des Menschen und Verherrlichung Gottes sich als ein einziges Ganzes erkennen und erfahren lassen."

Rösrath, am Allerheiligenfest 2002

Ulrich Filler

Kapitel 1

Was ist Liturgie ? – Fünf Thesen

1.

Liturgie ist der offizielle Gottesdienst der Kirche, den sie in Verbindung mit Jesus Christus, ihrem Haupt, vollzieht.

Liturgie ist keine Privatsache

Wir leben in einer individualistischen Zeit. Der Einzelne will frei und unverwechselbar die eigene Existenz planen und gestalten. Normen der Gemeinschaft, ihre Ansprüche und Wünsche scheinen eher ein lästiges Übel zu sein, das man sich, so weit es geht, vom Leibe hält. Kein Wunder, dass eine solche Zeit auch die Religion weitgehend zur Privatsache erklärt hat. Noch mehr gilt dies für die religiösen Lebensvollzüge. Man spricht zwar heute oft von einer „neuen Aktualität der Religion" – doch die spielt sich nicht mehr im Rahmen fester Institutionen und ihrer Vorgaben ab. Auf dem großen Markt der religiösen Möglichkeiten ist die Kirche nur noch ein Anbieter unter vielen anderen. Jeder Einzelne nimmt sich selbst das Recht zu entscheiden, welche ihrer Weisungen er noch befolgen will. In vielen Gegenden Deutschlands geht höchstens noch jeder siebte Katholik sonntags regelmäßig zur hl. Messe[1]. Die alte Ausflucht abständiger Christen, dass „man doch auch im Wald beten könne", ist längst für die große Mehrheit zur Charakterisierung des religiösen Verhaltens geworden: Ob, wann und wie ich bete, geht nur mich selbst und niemand anderen etwas an.

Das Beten der Liturgie ist genau das Gegenteil privater

---

[1] Im Erzbistum Köln betrug die durchschnittliche Zahl der sonntäglichen Kirchenbesucher 1980 21,26% – im Jahr 2002 nur noch 13,03%.

Religionsausübung. Im Wort „Liturgie" steckt das griechische Wort „laos" = Volk. Liturgie ist Gottesdienst, der die *Gemeinschaft* betrifft. Wer Liturgie feiern will, muss „in die Kirche gehen". Damit ist nicht in erster Linie gemeint, dass ein bestimmter Ort aufzusuchen ist. Vielmehr kommt es auf den Bezug zu derjenigen Gemeinschaft an, die Christus selbst gestiftet hat, nämlich die Kirche. Wir können sagen: Liturgie ist nur derjenige Gottesdienst, der ausdrücklich im Namen der Kirche vollzogen wird.

Aber warum ist das so? Viele Leute verstehen dies nicht mehr, weil sie das Wesen der Kirche nicht mehr verstehen. Und die Kirche bleibt ihnen letztlich fremd, weil sie nicht begreifen, wer Jesus Christus ist, was er tat und wollte. So müssen wir etwas weiter ausholen, um unsere erste These zu erklären.

Jesus Christus, Mittler zwischen Gott und den Menschen

Wer die Bibel aufschlägt, liest von einem Gott, der von sich aus auf den Menschen zugeht. Er spricht ihn an. Er tritt in die Geschichte ein. Er handelt in ihr. Seine Offenbarung ist nicht Mythos, nicht Dichtung, nicht Symbol, sondern historisch konkrete Wirklichkeit. Durch Gottes Initiative wird die menschliche Geschichte Heilsgeschichte. Gott offenbart sich vor den Augen der Welt, und er sucht sich ein Volk aus, dem er für immer einen Bund anbietet. Indem er sein ewiges Wort in die Endlichkeit der Geschichte spricht, schüttet er selbst den Graben zu, der den endlichen und schuldbeladenen Menschen von ihm, dem Unendlichen und Heiligen, trennt. Was die Natur des Menschen niemals vermocht hätte, schenkt die übernatürliche Offenbarung Gottes selbst.

Der Bund, den Gott mit den Menschen schließen will, findet seine abschließende, letztgültige Formulierung in

Jesus Christus. Er ist „Gottes letztes Wort" an die Menschheit. In ihm erfüllen sich die Sehnsucht der Völker und die Verheißungen des alttestamentlichen Israels. Der neue und ewige Bund in Christi Blut, das am Kreuz vergossen wurde, ist ein nicht mehr überbietbares Angebot Gottes an die Menschheit: Es umfasst die Vergebung aller Sünden und das Geschenk der Gotteskindschaft mit dem Erbe ewiger Seligkeit. Auf alles das hat der Mensch keinen Anspruch – alles ist Gnade, freie Gabe Gottes. Gott schenkt sich selbst – in seinem Sohn Jesus Christus, der so für alle Menschen „Weg, Wahrheit und Leben" (Joh 14,6) wird. Wenn der 1. Timotheusbrief (1 Tim 2,5) Jesus Christus den „einzigen Mittler zwischen Gott und den Menschen" nennt, dann meint dies: Erst in ihm und nur in ihm kann der Mensch ganz zu Gott finden – frei von Sünde, berufen zur Ewigkeit.

Der Grund dafür liegt in der Person Christi selbst. Das Glaubensbekenntnis aller Christen sagt: Gott ist Mensch geworden. In der Person des Sohnes hat Gott das Menschsein, die menschliche Natur angenommen. Vom ersten Tag seines Daseins an war Jesus Christus Gott und Mensch zugleich. Die theologische Sprache der frühen Konzilien des vierten und fünften Jahrhunderts hat es noch genauer formuliert: Göttliche und menschliche Natur Christi sind weder ineinander vermengt noch ohne Beziehung voneinander getrennt. Vielmehr sind Gottheit und Menschheit vereint in der einen göttlichen Person. Darum ist Christus der „Mittler".

In Jesus Christus begegnet uns ein Mensch, der ganz und gar Gottes Willen tut, weil er selbst Gott ist. Er allein betet Gott so an, wie es ihm gebührt – denn er ist ohne jede Schuld. Zugleich ist sein sichtbares menschliches Handeln immer auch unsichtbares Handeln Gottes. Was dies bedeutet, verstehen wir, wenn wir auf das irdische Leben Jesu blicken: Indem er menschliche Worte sprach, verkündete er uns Gottes Weisung. Wenn der Herr mit seiner Hand einen Kranken berührte, wurde dieser geheilt durch die Allmacht Gottes. Und als der Mensch Jesus am Kreuz starb, schenkte der Sohn sich dem Vater hin. So wird Jesus Christus zur Brücke zwischen dem göttlichen Vater und der Menschheit, die durch den Sündenfall voneinander getrennt waren. In seiner Person kommen Gott und Mensch wieder in wechselseitigen Kontakt: Gott handelt durch den Menschen Jesus zum Heil aller Menschen – der Mensch kommt durch die Person Christi wieder in Beziehung zu Gott. Er gelangt in Gottes Nähe, wie sie größer nicht gedacht werden kann. Indem Gott Mensch wird, ist dem Menschen eine Tür geöffnet: Er darf Anteil am Sein Gottes erhalten in einer Weise, die seine Natur unvorstellbar übersteigt.

Wenn man auf Christus, den Mittler, schaut, könnte man also von zwei „Bewegungen" sprechen: von einer „absteigenden" und einer „aufsteigenden". Die „absteigende" – von Gott zum Menschen: Gott schenkt dem Menschen durch Christus die Erlösung; er zieht ihn zu sich. Und die „aufsteigende" – vom Menschen zu Gott: Durch Christus und in ihm kann die Menschheit Gott so anbeten, wie es ihm gebührt; sie darf ihm nahe kommen.

Von beiden Seiten her ist Jesus Christus der Mittler – Ort der Begegnung zwischen Gott und Mensch.

Die Kirche setzt das Werk Christi fort

Christus selbst ist nach seiner Auferstehung in den Himmel Gottes zurückgekehrt. Er hört auf, in seiner eigenen menschlichen Gestalt auf der Erde zu wirken. Dennoch ist damit das Geheimnis seiner Menschwerdung nicht zu Ende. Gott legt die Menschennatur, die er einmal angenommen hat, nicht wieder ab. Damit das Werk des Menschgewordenen auf Erden fortgesetzt wird, gibt es die Kirche.

Der erhöhte Herr sendet den Heiligen Geist, um ein Volk des Neuen Bundes zu sammeln und zu einen. Die von Christus im Geist gerufenen Menschen stehen zu ihrem Herrn nicht bloß in einer äußerlichen Verbindung, sondern in einer innerlichen Gemeinschaft. Sie empfangen von ihm Leben wie die Reben vom Weinstock. „Nicht mehr ich lebe, sondern Christus lebt in mir", ruft der hl. Paulus aus. Mit Recht hat man darum die Kirche den „fortlebenden Christus in der Zeit" genannt (J.A. Möhler). Paulus sagt: Sie ist der geheimnisvolle Leib Christi, dessen Haupt der Herr selbst ist. Haupt und Glieder aber sind von gleicher Art. In der Lebenseinheit mit Christus soll die Kirche auch das Werk Christi fortsetzen – nicht als ob sie etwas hinzufügen könnte, aber doch so, dass durch sie möglichst viele Menschen zu Christus finden, seine Gnade und sein Heil empfangen. Die Kirche führt Gott und Menschen zusammen, indem sie als Werkzeug Christi handelt, dessen Menschheit wiederum Werkzeug Gottes ist. Die Kirche erfüllt ihre Aufgabe so, wie Christus selbst auf Erden gewirkt hat. Sie hat „sakramentalen" Charakter, das heißt: Sie hat eine „sichtbare" und eine „unsichtbare" Seite, die miteinander in Beziehung stehen. Durch ihre äußere, menschliche Gestalt wirkt Gott selbst in die Welt hinein. Weil die Kirche als ganze ein Sakrament ist, kann sie auch ihre einzelnen (sieben) Sakramente feiern und ausspenden, in denen in je besonderer Weise die Gnade Christi zu den Menschen kommt und dabei Gott vom Menschen verherrlicht wird. Darum lautet ein berühmter Satz des Papstes Leo des Großen: „Was immer in unserem Erlöser sichtbar war, ist eingegangen in die Sakramente der Kirche." Das heißt: Wie in Christus, so ist auch in der Kirche das Menschliche, Sichtbare in den Dienst des Göttlichen, Unsichtbaren gestellt. Durch sichtbare Zeichen schenkt Gott das unsichtbare Heil, in sichtbaren Zeichen berühren die Menschen den unsichtbaren Gott.

Liturgie – Herz der Kirche

Erst wenn man Christus und die Kirche so begriffen hat, wird auch das tiefste Wesen kirchlicher Liturgie zugänglich. Die Liturgie ist das Herz der Kirche, sofern sie Bild und Grundvollzug ihres Wesens ist, das wiederum im gott-menschlichen Sein Jesu Christi selbst gründet. Christus selbst setzt durch die Liturgie der Kirche seinen Mittlerdienst fort, den wir als Doppelbewegung zwischen Gott und den Menschen umschrieben haben. Noch einmal: Da ist die Bewegung „von oben nach unten": Gott schenkt den Menschen sein Heil. Daraus folgt die Bewegung „von unten nach oben": Das Geschöpf bringt Lobpreis und Anbetung vor Gott. Der hl. Thomas drückt die zweifache Dimension des liturgisch-sakramentalen Geschehens so aus: „Im Vollzug der Sakramente kann man zwei Aspekte unterscheiden, nämlich die Verehrung Gottes und die Heiligung des Menschen."[2]

Die Grundformel des Lebens Jesu lautete: Gott macht sich zum Diener der Menschen, damit der Mensch in Ewigkeit Gott dienen kann. Dieses Geheimnis vollzieht sich immer wieder, wenn die Kirche durch, mit und in Christus, ihrem Herrn, Liturgie feiert. Liturgie, „Gottesdienst", ist Dienst Gottes am Menschen und Dienst der Menschen vor Gott. Wie eng beides zusammengehört, macht das lateinische Wort „benedicere" deutlich: Es bedeutet sowohl „segnen" (Tun Gottes) als auch „loben" (Tun des Menschen). In beiden Bedeutungen wird es in der Liturgie verwendet. Wenn die Kirche Liturgie feiert, empfängt sie etwas und tut sie selbst etwas. Auch das Zweite Vatikanische Konzil hat dieses Doppelgeschehen im Blick, wenn es formuliert: Die Liturgie ist „der Höhepunkt, dem das Tun der Kirche zustrebt, und zugleich die Quelle, aus der all ihre Kraft

---

[2] S. th. III, 60, 5 c.: „in usu sacramentorum duo possunt considerari, scilicet cultus divinus et sanctificatio hominis."

strömt"[3]. Was die Kirche im heiligen Geheimnis geschenkt bekommt, das nimmt sie mit hinaus in alle Berei-
che der Welt, in die sie gesandt ist. Was sie aber in ihrem
Dienst an den Menschen versucht und vollbringt, das trägt
sie genauso immer wieder dankbar auf den Altar, das
nimmt sie mit in die Anbetung ihres Herrn.

Nicht jedes Beten ist auch Liturgie

Weil der Mittler Christus es ist, der in der Liturgie der
Kirche sein Handeln von Gott zu den Menschen und vom
Menschen zu Gott fortsetzt, darum kann diese Liturgie
niemals privat sein. Christus ruft durch seine Menschwerdung „die Vielen" in die Einheit mit Gott. In ihm soll
die Welt das Heil erkennen, das Gott „vor allen Völkern"
bereitet hat. So ist auch Christi Handeln in der Liturgie
niemals „privat", sondern immer öffentlich: Sache des
ganzen Gottesvolkes, der ganzen Kirche, des ganzen geheimnisvollen Leibes in Gemeinschaft mit Christus, seinem Haupt.

Zugleich liegt darin der Grund, weshalb sich die Liturgie
von allen Formen religiösen Handelns unterscheidet, die
nicht Wesensvollzug der Kirche als ganzer, sondern
Glaubensvollzug einzelner Glieder der Kirche sind. Der
private Rosenkranz, die stille Meditation oder eine Andacht, der kein Amtsträger der Kirche vorsteht, sind Gebet, aber nicht Liturgie.

Damit ist unsere erste These in ihrem ganzen Umfang
verständlich geworden: In der Liturgie vollzieht die Kirche offiziell, öffentlich und sichtbar ihren Auftrag – aus
und in der lebendigen Verbindung mit Christus, ihrem
Herrn.

Zur Liturgie zählen alle Weihen und Segnungen der Kir-

---

[3] Vaticanum II, SC 10.

che, Prozessionen und bestimmte Andachten, das Stundengebet und die Spendung der Sakramente, vor allem die Feier des heiligen Messopfers, die „Liturgie schlechthin". Denn all diese Gottesdienstformen werden im offiziellen Namen der Kirche verrichtet.

Liturgie – kein Ort der Selbstdarstellung

Dass die Liturgie so eng mit dem Wesen der Kirche als ganzer verknüpft ist, hat wichtige Konsequenzen. Niemals darf die Liturgie zur Selbstdarstellung einer bestimmten Gruppe missbraucht werden – sie gehört nicht einer Pfarrgemeinde, nicht einem einzelnen Verein, keinem noch so engagierten „Liturgiekreis" und schon gar nicht dem zelebrierenden Priester. Die Liturgie ist nicht dafür da, dass eine Gemeinde ihr Zusammensein oder dabei gar sich selbst feiert. Wer das meint, hat das enge Band Christus – Kirche – Liturgie zerrissen und den Gottesdienst zum Menschenwerk herabgestuft. Vielmehr gilt: Jede Gemeinde wird erst dadurch *Kirche*, dass sie bereit ist, sich in das Ganze des geheimnisvollen Leibes Christi einzuordnen. Das aber tut sie, indem sie in das liturgische Beten der Kirche einstimmt. Die Kirche definiert sich nicht über das Selbstverständnis ihrer Einzelgruppierungen. Vielmehr müssen diese sich in die wesenhafte Sendung der gesamten Kirche einfügen, indem sie sich von ihrem liturgischen Selbstvollzug prägen lassen.

In der Liturgie gibt es eine Hierarchie

Wer mit der Kirche beten will, muss darum ihre Ordnung beachten. Auch in dieser Ordnung spiegelt sich wider, was wir zu Anfang über die Ermöglichung menschlichen Gottesdienstes überhaupt festgestellt haben: Gott war es, der die Initiative ergriffen hat. Die Einladung zum Bund ist nicht Ergebnis menschlicher Sozialgeschichte, sondern Mittelpunkt der geschichtlichen Selbstoffenbarung Gottes. Darum ist die konkrete Bundesgemeinschaft des Gottesvolkes, d.h. die Kirche, auch nicht bloß eine unter vielen Institutionen in der Entwicklung der Gesellschaft. Wer auf die Kirche schaut, muss dauerhaft erkennen, dass sie von oben her, von Gott stammt, nicht aus dem Willen derer, die ihr zugehören. Ihre hierarchische Verfassung, die Leitung durch das Amt, drückt genau dies aus: Die Kirche definiert sich zuallererst über die Schöpfung durch Gott selbst und nicht durch das Gottesbild der Menschen oder die Stellungnahmen, die sie zum Handeln Gottes abgeben möchten. „Kirche" ist vom griechischen Wortstamm „kyriake": vom Herrn selbst berufenes Volk.

Diese hierarchische Verfasstheit der Kirche kommt zum Ausdruck, wenn sie ihren offiziellen Gottesdienst feiert. Einer steht immer an erster Stelle: Jesus Christus selbst ist der wahre Liturge in jedem Gottesdienst der Kirche. Er ist „Träger" jeder liturgischen Feier, weil sie sein gottmenschliches Tun abbildet. Gegenwärtig aber ist Christus in der hierarchisch gestuften Gemeinschaft der feiernden Kirche.

Natürlich stellt zunächst die ganze Gemeinde der Getauften Christus dar: Sie ist „ein auserwähltes Geschlecht, eine königliche Priesterschaft" (vgl. 1 Petr 2,9) in und mit ihrem Herrn. Mit Recht hat dies das letzte Konzil neu in Erinnerung gerufen. Die Befähigung zur Teilnahme an der Liturgie ist höchster Ausdruck des „gemeinsamen Priestertums" aller Gläubigen. Die Liturgie ist ein Tun des „ganzen Christus", seines ganzen geheimnisvollen Leibes (vgl. KKK 1136). Die Berufung zur Teilnahme an den heiligen Geheimnissen gehört zur erhabenen Würde des Christseins, die dem geschenkt ist, der durch die Sakramente der Taufe, Firmung und Eucharistie vollständig in die Gemeinschaft der Kirche aufgenommen worden ist.

Insofern stehen in der Liturgie die Laien und der Zelebrant gemeinsam versammelt „in *einer* Richtung", im „*einen* Schiff der Kirche", Gott zugewandt – was durch die Einführung des Volksaltares nicht gerade unterstrichen worden ist. Auch die liturgischen Dienste der Laien, wie sie von der Kirche im Laufe der Geschichte in unterschiedlicher Weise zugelassen worden sind, finden in dieser fundamentalen Wahrheit ihre Begründung.

Dennoch bedeutet die allgemeine Befähigung zur Teilnahme an der liturgischen Feier, wie sie jedem katholischen Christen zukommt, nicht automatisch eine gleiche Befähigung aller Getauften zum aktiven Vollzug und zur Leitung der Liturgie. Denn über das gemeinsame, in der Taufe grundgelegte Priestertum aller Gläubigen hinaus gibt es im Neuen Bund ein spezielles Priestertum, dessen Wesen in einer besonderen Repräsentanz und Stellvertretung des einzigen Hohenpriesters Jesus Christus zu suchen ist: In seinem Amt als Haupt der Kirche und als erlösender Mittler wird Christus in besonderer Weise repräsentiert durch den Bischof bzw. den Priester. Alle Gläubigen sind berufen, die Heilsgaben Gottes in den Sakramenten zu empfangen – aber nicht alle sind berufen, sie zugleich zu vermitteln und auszuspenden. Alle Gläubigen sind dazu berufen, in Christus den Vater anzubeten und zu verherrlichen – aber nicht alle sind dazu berufen, dieses Lob im Namen der ganzen Kirche stellvertretend vor Gott zu tragen. Die dazu nötige besondere Teilnahme an der hohepriesterlichen Vollmacht Jesu Christi ist das Spezifikum der Priesterweihe, das innerste Wesen des sakramentalen priesterlichen Dienstes. Es drückt sich sichtbar darin aus, dass nur der geweihte Priester dem liturgischen Geschehen „in der Person Christi" vorstehen darf. Wenn er darum das Opfer Christi feiert oder in anderer Weise als Liturge auftritt, ist er nicht nur einer unter vielen, sondern er ist auch „Gegenüber" der Gemeinde. Papst Pius XII. erinnert uns daran, dass „der Priester nur deshalb an

Stelle des Volkes handelt, weil er die Person unseres Herrn Jesus Christus vertritt, insofern dieser das Haupt aller Glieder ist und sich selbst für sie darbringt, und dass er deshalb als Diener Christi an den Altar tritt, niedriger als Christus, aber höher als das Volk"[4]. Im geweihten Amtsträger ist Christus selbst als Haupt seiner Kirche gegenwärtig bei seinem Volk. Darin gründet sich alles Ansehen, das der Priester kraft seines Amtes im katholischen Volk genießt.

Es geht darum nicht um Macht- oder Geschmacksfragen, wenn die katholische Kirche die leichtfertige Delegation liturgischer Vollmachten an Laien und eine planlose „Mitgestaltung" der Gottesdienste durch die Gemeinde ablehnt. Nicht umsonst mahnte Papst Pius XII. schon vor mehr als 50 Jahren im Blick auf die liturgische Leitungsvollmacht: „Weil also die heilige Liturgie in erster Stelle von den Priestern im Namen der Kirche vollzogen wird, muss ihr Aufbau, ihre Anordnung und ihre Form notwendig von der kirchlichen Obergewalt abhängen."[5] Hier geht es um die Grundstruktur der Kirche selbst. Wo das Vorsteheramt des Priesters in der Liturgie nicht mehr klar ist, wird – wenigstens auf längere Sicht – der Sinn und die Notwendigkeit des Weihepriestertums überhaupt in Frage gestellt. Dann aber gerät mit großer Sicherheit auch die einzigartige Heilsmittlerschaft Christi in Vergessenheit, an deren Stelle die Gemeinde ihre eigenen „kommunikativen" und „demokratischen" Strukturen setzen möchte. Wenn die Kirche das hierarchische Element in der Liturgie verteidigt, verteidigt sie darum im Letzten die unersetzbare Christozentrik des Heils.

In den folgenden beiden Thesen geht es darum, das bisher geschilderte Grundprinzip liturgischen Betens, das wir im Persongeheimnis Jesu Christi und im Wesensgeheimnis

---

[4] DH 3850.
[5] Pius XII., Enz. Mediator Dei, n. 43.

25

der Kirche begründet haben, näher zu entfalten. Wir tun dies, indem wir zunächst genauer von der „absteigenden", dann von der „aufsteigenden" Bewegung sprechen, die sich in der liturgischen Feier vollzieht.

2.

Die „absteigende Bewegung" der Liturgie: Sie vermittelt den Menschen in der Kraft des Heiligen Geistes das Heil Gottes, wie es Christus erwirkt hat.

Erlösende Gegenwart des Herrn

Die erste der beiden Bewegungen, die sich in jeder liturgischen Feier ereignen, weist von Gott zum Menschen, von „oben nach unten". Sie steht für Gottes Handeln zu unserem Heil.

Im Credo bekennen wir: Um unseres Heiles willen ist Christus Mensch geworden und am Kreuz gestorben. Menschwerdung und Erlösung bleiben das große Geheimnis der Liebe Gottes zum Menschen. Sie sind geschehen an einem bestimmten Punkt der Geschichte. Mit der Auferstehung und Himmelfahrt des Herrn ist sein Wirken in sichtbarer Gestalt vollendet. Und doch ist das, was Christus „im Fleische" getan und erlitten hat, mehr als bloße Vergangenheit. Christi Menschheit war ja, wie das Zweite Vatikanum einen Grundsatz der Theologie des hl. Thomas von Aquin aufgreift, „in der Einheit mit der Person des Wortes Werkzeug unseres Heils"[6]. Was immer Christus als Mensch getan und erlitten hat, ist darum auch für uns heute mehr als ein historisches Faktum, auf das

---

[6] SC 5.

man erinnernd zurückblicken kann. In jedem Augenblick seines Menschseins wirkt Christus mit Gottes Macht, und die sprengt alle Grenzen von Raum und Zeit. Auch nach 2000 Jahren berührt uns darum die erlösende Kraft von Tod und Auferstehung, wenn wir „Christi Leib" berühren: In seiner Kirche, in seinem geheimnisvollen Leib, bleibt Christus anwesend und handelnd unter uns. Verändert hat sich nur die Weise seiner erlösenden Gegenwart. „Christus, der 'zur Rechten des Vaters sitzt' und den Heiligen Geist in seinem Leib, der Kirche, ausbreitet, handelt jetzt durch die Sakramente, die er zur Mitteilung seiner Gnade eingesetzt hat" (KKK 1084). Die Feier dieser Sakramente ist darum das Zentrum der katholischen Liturgie, und die Liturgie ist darum Ort der erlösenden Christusgegenwart.

Diese Gegenwart ist keine Sache der bloßen Idee. Sie ist durchaus greifbar-konkret – aber eben sakramental. Außen und innen gehören zusammen. Würde man einen dieser beiden Aspekte verabsolutieren, müsste man das Geheimnis der Liturgie verfehlen – sie würde dann entweder auf den bloßen Ablauf äußerer Zeremonien oder aber die subjektive innere Frömmigkeit bzw. Gottesbegegnung reduziert. Beides ist falsch, da es die wahrhaft sakramentale Wirklichkeit der Menschwerdung und das daraus folgende sakramentale Wesen der Kirche verkennt. Es ist vielmehr das geheimnisvolle Ineinander von äußerer und innerer Realität, das uns den Schlüssel zum Verstehen der göttlichen Heilsvermittlung darbietet: So real, sichtbar und fühlbar Christus in seinem Erdenleben war, so sinnlich real ist auch sein Wirken in den Sakramenten der Kirche. Ein Mensch ist nur dann gültig getauft, wenn wirklich fließendes Wasser sein Haupt berührt hat und wenn die unverfälschte Taufformel gesprochen worden ist. Die Riten der kirchlichen Liturgie sind ebenso wenig „schmückendes Beiwerk" für das Wirken Gottes, wie der sichtbare Leib Jesu eine überflüssige Verkleidung für die Menschwerdung war. Wer sich an der Konkretheit der

Sakramente stößt, hat letztlich Probleme mit der wirklichen Menschwerdung Gottes selbst. Wenn Gott herabsteigt, um uns zu erlösen, dann kommt er uns nahe, fasst uns an. Liturgie ist inkarnatorisches Geschehen.

Unverfügbarkeit des Heils – Objektivität der Liturgie

Christus ist das größte Geschenk Gottes an den Menschen, das sich denken lässt. Gott schenkt sich selbst, und er schenkt sich in einer ganz konkreten Weise. Das Heil für uns hat einen Namen, eine unveränderliche Gestalt, eine nicht austauschbare Geschichte. Obwohl Gott uns in seiner Allmacht auf viele andere Weisen hätte erlösen können, hat er es nur in dieser einen Weise, durch Jesus Christus, getan.

Diese Wahrheit prägt notwendig den Vollzug des kirchlichen Gottesdienstes. Liturgie ist nicht etwas Beliebiges, sondern sie hat ihrem Wesen nach einen unverfügbaren Inhalt und ein festes Thema. Liturgie ist etwas Objektives, sofern sie uns die Gnade Gottes vermittelt, über die *er* entscheidet und nicht wir. Gott ist der Ersthandelnde in unserer Erlösung, wir sind die dankbar Antwortenden.

In Christus empfangen wir etwas, das wir selbst nicht immer schon besitzen. Seine Worte und Taten sind unseren menschlichen „Verbesserungsvorschlägen" entzogen. Darum muss auch die Liturgie, in der dieser Christus gegenwärtig bleibt, in ihren zentralen Wesensstücken vor jedem besserwisserischen menschlichen Gestaltungsdrang geschützt sein. „Kritik ist gut, wo sie einen Sinn hat", gibt Guardini zu bedenken, „hier hat sie keinen. An der Beleuchtung einer Stadt kann man Kritik üben, nicht am Lauf der Sonne."[7] Weil die Stiftung Christi für den Menschen unverfügbar ist, ist die Messe ein Ritus: gleichbleibender Vollzug mit festen Normen und Regeln. Die Rubriken

---

[7] R. Guardini, Besinnung vor der Feier der heiligen Messe. 2. Teil: Die Messe als Ganzes (Mainz o. J.) 18.

schützen die Liturgie vor der kurzsichtigen Gestaltungswut der Menschen (an erster Stelle des Klerus!). Nicht bloß die fromme Absicht zählt, sondern ebenso die ganz konkrete Einhaltung der äußeren Gestalt.

So ist, um ein Beispiel zu wählen, in der Eucharistie die feste Form des Hochgebets und zumal der Wandlungsworte notwendig, damit der Heilswille Gottes unabhängig von menschlichen Verfälschungen zur Geltung kommen kann. Dadurch wird garantiert, dass jede Messe in erster Linie Vergegenwärtigung des Kreuzesopfers Jesu Christi ist. An alle anderen Themen und Inhalte, die man einbringen möchte, ist die Frage zu stellen, ob sie zu den unveränderlichen Hauptthemen des heiligen Geschehens hinführen. Nur dann haben sie in der Liturgie eine Berechtigung. Dies ist ein absoluter Maßstab, an dem sich alle Änderungsvorschläge noch einmal messen lassen müssen – auch die der wissenschaftlichen Liturgiker, wie sie heutzutage regelmäßig im Forderungston an die kirchlichen Autoritäten herangetragen werden. Ob zuweilen nur eine derart harte Erinnerung an die wirkliche christliche Werteordnung hilft, wie sie der große Theodor Haecker schon 1943 (!) niedergeschrieben hat? „Manche Liturgiker sind rabiat, oder sie sind imbezill. Sie tun wahrhaftig so, als sei Christus in die Welt gekommen, um eine liturgische Bewegung hervorzurufen."[8] Wer begriffen hat, worum es in Gottes Offenbarung und Heilswerk wirklich geht, wird kein Bedürfnis nach liturgischen Kreativspielen mehr verspüren. Er wird jene Objektivität suchen, in der alles vom Menschen weg auf Christus zeigt.

Objektive Liturgie – Provokation und Faszination

Mehr als 50 Jahre nach Haeckers Worten hat sich die Situation dramatisch verschärft. Wenn man in unserer

---

[8] Theodor Haecker, Tag- und Nachtbücher, Eintragung vom 5. 11. 1943 (München 1947) 285.

Zeit die Frage stellt: Was ist das objektive Moment in der Liturgie?, so wird mancher unter uns sein, dem als spontane Antwort nur einfällt: Das, was ich sonntags in meiner Heimatpfarrkirche *nicht* erlebe. Was seit einer ganzen Generation vielerorts zum traurigen Alltag zwischen Altar und Kirchenbänken gehört, hat mit dem Willen, einen absoluten Maßstab zur Geltung zu bringen, nur noch wenig zu tun. In Zettelwirtschaft und Gestaltungswut, bei Faschingsmesse und Frauentanz, unter eitlen Pastoralhelfern und schlampigen Pastören, zwischen dem zwanzigsten Hochgebet und dem dreißigsten Szenenapplaus hat die Liturgie faktisch aufgehört, ein Ort des stillen Widerstands gegen die Diktatur des Individuellen zu sein, die unsere Moderne fortschreitend prägt.

Immer wieder wird gegen solche Klagen als Argument ins Feld geführt, liturgische Objektivität könne den Menschen von heute nur langweilen und provozieren. Mag sein, dass dies zum Teil richtig ist. Richtig ist aber ebenso: Gerade sie kann den modernen Menschen auch *faszinieren* – und zwar mehr als alle liturgischen Schreibtischprodukte, die sich selbstgerecht als „menschenfreundlich" betiteln. Viele Menschen haben gerade durch die unverkürzte katholische Liturgie und nicht durch ihre „pädagogisch wertvollen" Aufbereitungen den Weg zum Glauben gefunden. Solche Konvertiten berichten, dass ihr erster Kontakt mit dem Gottesdienst der Kirche vom Eindruck begleitet war, in eine fremde, andere, neue Welt eingetreten zu sein, in eine Welt mit eigenen Gesetzen, Ausdrucksformen und Vollzugsregeln. Aber gerade diese Andersheit, die unerwartete und überraschende Objektivität, die nichts anderes ist als Merkmal des Übernatürlichen, hat nicht selten vermocht, Menschen von einem Augenblick auf den anderen aus den eingefahrenen Geleisen ihres bisherigen gottlosen Denkens herauszureißen und zu jener Kehrtwende in der Einschätzung aller Wirklichkeit zu führen, die Grundlage jeder echten Bekehrung ist. Mancher erinnert sich vielleicht noch an den vor mehr als 30 Jahren erschienenen Selbstbericht des bekannten französischen Journalisten André Frossard, der unter dem Titel „Gott existiert – Ich bin ihm begegnet" auch bei uns zum Bestseller wurde. Frossard hat darin geschildert, wie er in einem einzigen Augenblick beim Eintritt in eine Pariser Kapelle, wo Ordensschwestern gerade vor ausgesetztem Allerheiligsten die lateinische Matutin sangen, vom Atheisten zum gläubigen Christen wurde, ohne dass er auf der Ebene des Verstandes auch nur einen Bruchteil dessen erfasst hätte, was sich dort vor seinen Augen und Ohren ereignete[9]. Doch was er begriffen hatte, war: Hier ist, unverfügbar und heilig, etwas anderes als das, was er bisher als Ziel seines Lebens angesehen hatte – Gnade, die fasziniert und alles verändert.

Das Heil des Christen: Anteil am Leben des dreifaltigen Gottes

Der Versuchung, die objektiven, göttlichen Hauptthemen der Liturgie durch unsere menschlichen Nebenthemen zu überblenden, werden wir nur dann dauerhaft entgehen, wenn wir uns des übernatürlichen Charakters dessen bewusst werden, was Gott uns unter heiligen Zeichen schenkt. So führt uns das Nachdenken über die Liturgie zum tiefsten Geheimnis unserer christlichen Berufung, das wir uns nicht hätten ausdenken können, wenn nicht Gott selbst es uns mitgeteilt hätte: Wir sollen Anteil erhalten am Leben des dreifaltigen Gottes selbst. Das aber geschieht „durch die Menschwerdung des Sohnes, der die himmlische Liturgie der vollkommenen Liebe der drei göttlichen Personen zueinander auf Erden gebracht hat, um Mensch und Welt in die Liebesglut und Liebesfülle

---

[9] Vgl. A. Frossard, Gott existiert. Ich bin ihm begegnet (Freiburg-Basel-Wien [10]1970) 132ff.

der Dreieinigkeit einzubeziehen"[10]. Als Christ, so soll ich wissen, bin ich auf dem Weg zum Vater durch den Sohn im Heiligen Geist – diese Grundbotschaft unseres ganzen Glaubens, die wir mit jedem Kreuzzeichen bekennen, wird im liturgischen Geschehen erlebbare Wirklichkeit: Wir beten zum Vater durch Christus im Heiligen Geist.

- „Zum Vater" – an ihn sind fast alle Gebete gerichtet. Er offenbart sich uns als Ursprung und Ziel unseres Daseins. Er hat uns geschaffen und in unergründlicher Liebe erwählt, für immer als seine Kinder mit ihm zu leben.
- „Durch Jesus Christus" – das ist mehr als eine bloße Formel am Schluss der liturgischen Orationen. In der Liturgie lassen wir uns von ihm die Schuld vergeben, die uns von Gott trennt. Zugleich will er uns immer inniger seinem geheimnisvollen Leib eingliedern, damit wir als „Adoptivkinder im eingeborenen Sohn" den Weg zum Vater finden.
- „Im Heiligen Geist" – er ist es schließlich, der aus unserem Gedächtnis an die Taten Gottes lebendige Gegenwart des Heils macht. Die Liturgie ist erfüllt von der Anrufung des Heiligen Geistes. Wie das Licht alle Dinge sichtbar macht, ohne selbst gesehen zu werden, so ermöglicht der Heilige Geist die Begegnung des Menschen mit der Welt Gottes, ohne dass uns sein verwandelndes Wirken greifbar würde. Er bringt das Werk Jesu in den Herzen der Menschen zum Ziel. Er verbindet die Vielen zur Einheit der Familie Gottes. Er ist der machtvolle Wind, der das Schiff Christi in den Hafen des Vaters lenkt.

Die Liturgie erschließt uns damit das oft so schwer und fern erscheinende Geheimnis der göttlichen Dreifaltigkeit,

---

[10] M. Kunzler, Leben in Christus. Eine Laienliturgik zur Einführung in die Mysterien des Gottesdienstes (Paderborn 1999) 78.

indem sie uns selbst in die Bewegung des innergöttlichen Lebens hineinzieht. Die griechischen Kirchenväter haben darum von der „Vergöttlichung" gesprochen, die dem Menschen zuteil wird, der die Mysterien der Kirche feiert.

Weder individualistische noch kollektive Erlösung

So sehr uns das Heil Gottes, wie wir sahen, nur in der Gemeinschaft der Liturgie feiernden Kirche geschenkt wird, so wenig gibt es doch für den Menschen eine „kollektive Erlösung". Hier kann ein „objektivistisches" Missverständnis der Liturgie ansetzen, gegen das schon Pius XII. in der bereits genannten Enzyklika „Mediator Dei" deutlich Stellung bezogen hat[11]: In einer korrekten Feier der Riten, des öffentlichen Kultes darf sich die Frömmigkeit eines Christen nicht erschöpfen – als ob man des Heiles sicher sein könnte, wenn man sich ohne eigene innere Bekehrung auf „die Kirche" verlassen wollte! Und erst recht irrt man sich, wenn man glaubt, auf eigene religiöse Praxis verzichten zu können, weil ja „die anderen" in „der Kirche" schon genug für alle beten. Gewissermaßen eine moderne Variante dieses Irrtums kann hinter einer Überbetonung des kommunialen (gemeinschaftlichen) Charakters der Kirche stehen: Während man ständig vom dialogischen, geschwisterlichen oder kommunikativen Wesen von Liturgie und Kirche spricht, vergisst man Verantwortung und rechte Einstellung des Einzelnen, der sich so erst die Wirksamkeit des Heils aneignen kann. Im Gemeinschaftskult wird die religiöse Verpflichtung des Subjekts vergessen. Seinen extremsten Ausdruck findet dieser Irrtum in der Annahme einer Allerlösung, wenn behauptet wird, das stellvertretende Gebet der Kirche umfasse alle Menschen so, dass sich niemand dem Heilswirken Gottes entziehen könne. Richtig dagegen ist: Weil

---

[11] Vgl. DH 3845.

die Herrlichkeit des Himmels *meine* Schau Gottes sein soll, muss ich es auch sein, der im Erdenleben die Gnade empfängt, die zum Erreichen dieses letzten Zieles notwendig ist. Wer meint, die (wie auch immer gedachte) Beziehung zur Kirche oder die bloße Teilnahme an der liturgischen Gemeinschaft erspare die persönliche Glaubensantwort, irrt sich. Der Mensch muss sich je persönlich aneignen, was Christus ihm im Raum der Kirche anbietet. Dies zeigt sich nicht zuletzt darin, dass Sakramente immer individuell, niemals kollektiv und schon gar nicht „stellvertretend" gespendet werden. Niemand „macht" sich selbst ein Sakrament, aber jeder empfängt es doch als Einzelner. Der große Chor der Beter nützt mir nur, wenn ich meine persönliche Stimme nicht verweigere.

Die großen Ideologien der Vergangenheit und Gegenwart, die unserer Welt so viel Unheil gebracht und die Menschen von Gott entfernt haben, beruhen fast immer auf einem individualistischen oder kollektivistischen Missverständnis des Menschseins. Die Liturgie lehrt uns, dass die Wahrheit zwischen diesen beiden Extremen liegt: Weder ist die persönliche Freiheit gegenüber der Gemeinschaft autonom („Jeder soll nach eigener Façon selig werden") noch verschwindet das Individuum im Meer des Kollektivs („Du bist nichts, dein Volk ist alles"). Stattdessen heißt die katholische Lehre vom Menschen: Niemand kommt allein in den Himmel, sondern nur durch ein gläubiges Leben mit den anderen und für die anderen. Aber jeder ist auch aufgefordert, seine eigene Seele zu retten (bzw. von Gott retten zu lassen), weil Gott ihn als Individuum geschaffen hat und diese Individualität niemals aufheben wird. Beide Aspekte werden deutlich, wenn wir Liturgie feiern.

3.

Die „aufsteigende Bewegung" der Liturgie: Sie ist Anbetung Gottes und Vorgeschmack des Himmels.

Das Opfer Christi vollendet die Opfer der Vorzeit

Die zweite Bewegung des liturgischen Geschehens weist von „unten nach oben", vom Menschen zu Gott. Dass sie existiert, mag selbstverständlich erscheinen, doch in Wahrheit ist es genau das Gegenteil davon.

Es stimmt, dass der Mensch von Natur aus ein religiöses Wesen ist. Solange es ihn gibt, hat er versucht, diese Bewegung „von unten nach oben" zu vollziehen. Immer hat er die im Naturrecht, im Maßstab der Vernunft allein verwurzelte Verpflichtung gespürt, ein höchstes, heiliges Wesen anzusprechen. In allen Epochen und Kulturen der Geschichte haben die Menschen das Göttliche angebetet. In sichtbaren Opfern und symbolhaften Handlungen haben sie Gott oder die Götter verehrt und darin den Sinn des eigenen Daseins zu erfahren und zu sichern gesucht. Sie haben Opfer dargebracht, d.h. etwas Wertvolles aus der irdischen Welt hingegeben, vor dem Heiligen vernichtet, um so die Anerkennung einer Macht auszudrücken, die alles Irdische übersteigt. Das erste Bauwerk der Menschheit ist der Opferaltar, den Kain und Abel errichteten.

Doch bleibt die Anbetung so lange gebrochen und gestört, als der Mensch zugleich mit seinem Lobpreis erkennen muss, dass er eigentlich durch Unvollkommenheit und Schuld von Gott getrennt ist und dass die Kräfte seiner Seele gar nicht ausreichen, um Gott zu erfassen. Neben die Urerfahrung des Göttlichen, das den Menschen anzieht und fasziniert, tritt deshalb die Erfahrung, dass Gott der Fremde und Bedrohliche ist: Denn er ist heilig _ so ganz anders als der begrenzte und sündige Mensch. Je vollkommener die Gottesvorstellung des Menschen wird, desto schmerzlicher muss darum zugleich die Einsicht werden, dass ein Sünder niemals Gott so anzubeten vermag, wie es ihm gebührt. Darum durchzieht eine unauslöschliche Tragik die religiösen Bemühungen der Menschen vor Christus, wie sie uns die Religionsgeschichte beschreibt. Der Opferkult wird zur krampfhaften Bemühung, mit Massenschlachtungen oder ritualistischer Genauigkeit einen Gott zu berühren, der immer in der Ferne bleiben muss. Paulus spricht vom Scheitern Israels am jüdischen Gesetz, das die Gnade in Christus noch nicht kennt. Die Kirchenväter vernehmen in der schwermütigen Traurigkeit der antiken Welt ein sehnsüchtiges Rufen nach dem Erlöser. Sie erkennen darin die Grundtragik des Menschen, der scheitern muss, wenn er den Weg „von unten nach oben" aus eigener Kraft zu gehen versucht.

Erst in der Person Jesu Christi ist ein Mensch auf dieser Erde erschienen, für den es keine Kluft zu Gott gibt. Der Mensch Jesus kann Gott ein Leben vollkommener Anbetung darbieten, denn er ist durch keine Sünde von ihm getrennt. Christus ist Mensch und Gott zugleich: der „geliebte Sohn", an dem der Vater sein Wohlgefallen hat. Er ist, wie wir schon früher sagten, der Mittler: In seiner Person wird der Mensch in eine Verbindung mit Gott aufgenommen, wie sie enger nicht gedacht werden kann. In ihm erhalten wir Einlass in das Sein des Sohnes und damit in das Leben des dreifaltigen Gottes selbst.

Wenn Gott Mensch wird, wird er ein Anbetender. Das menschliche Leben Jesu Christi war ein einziges Lobgebet zu Gott. Als er geboren wurde, sangen die Engel das „Ehre sei Gott in der Höhe". „Geheiligt werde dein Name!", lehrte er seine Jünger zum himmlischen Vater beten. Der Verherrlichung dieses Vaters galt nach dem Zeugnis des Johannesevangeliums alles Tun des Sohnes auf Erden. Und als er am Kreuz hing, waren seine letzten Worte Worte des Gebetes.

Das Kreuzesopfer ist darum die Vollendung jener Bewegung der Anbetung, die das ganze irdische Leben Jesu vom ersten Augenblick an prägt. Sie macht Christus zum Priester in Ewigkeit: Der Mensch Jesus Christus schenkt sich mit allem, was er hat und ist, mit seiner ganzen irdischen Existenz, dem Vater hin. Er weiß sein irdisches Leben von Gott gegründet und von Gott getragen. Sein Selbststand, seine Personalität ist keine andere als die des göttlichen Sohnes. Weil sein Menschsein so von Anfang an in Gott aufgenommen ist, kann er sein menschliches Leben bis zum Tod am Kreuz als *Opfer* vollziehen, d.h. zum Dasein *für* Gott und die Menschen machen. Darin bezeugt er sich als der Sohn von Ewigkeit: als der, dessen Dasein ganz Sein „vom Vater her auf den Vater hin" ist, Bewegung der Liebe vom Sich-Verdanken zum Sich-Verschenken. Auch das Opfer des Kreuzes ist im Letzten Opfer des Lobes: Gipfel der in Liebe vollzogenen Selbsthingabe Christi.

Mehrfach bezeugt die Hl. Schrift, dass Gottvater das Lobgebet Christi angenommen hat – zuletzt durch den Sieg, den er ihm am Ostertag schenkt. Die Erlösung, die Christus, der Hohepriester des Neuen Bundes, uns vermittelt, hat das Ziel, dass auch wir vollkommene Anbeter des Vaters werden können. Dazu werden wir in der Taufe aufgenommen in Christi geheimnisvollen Leib, die Kirche.

Offenbarung der Heiligkeit als vergebende Liebe

Im Neuen Testament erfahren wir, dass Menschen, die mit Jesus Christus in Berührung kommen, selbst zu Anbetenden werden. Er, der alles zur Ehre des Vaters tut, ist in seiner Person Gegenwart des Allerhöchsten, vor dem man die Knie beugen muss. Eine der ersten Begegnungen von Menschen mit Christus ist eine Szene der Anbetung: Die Weisen aus dem Morgenland huldigen dem neugeborenen König mit ihren Gaben. Und eine der letzten Begegnungen ist es ebenso: Der Apostel Thomas überwindet seinen Zweifel im staunenden Lobpreis: „Mein Herr und mein Gott!"

Auch Christus in seiner Gottheit, als der Anbetungswürdige, der Heilige und Herr, wird von den Menschen, die ihm begegnen, als der erfahren, der sie fasziniert, überwältigt – und der dabei doch so anders ist als wir. Ein gutes biblisches Beispiel dafür ist die Berufung des Simon Petrus in der Geschichte vom wunderbaren Fischzug, wie sie der Evangelist Lukas berichtet (Lk 5,1–11). Von Christi Hoheit, von der Kraft seines Wortes beeindruckt, wirft Simon noch einmal die Netze aus – und erschüttert fällt er vor ihm nieder, bekennt seine Sündigkeit und bittet ihn fortzugehen, als er das Wunder sieht, das der Herr gewirkt hat. Auch der menschgewordene Gott ist anbetungswürdig als der ganz Nahe *und* der ganz Fremde. Aber, und darin liegt der große Unterschied zu allen früheren Begegnungen des Menschen mit dem Göttlichen: In dieser Ambivalenz (Doppelwertigkeit) wird der Mensch nicht mehr zerrieben, muss er nicht scheitern und verzweifeln. Denn dieser menschgewordene Gott spricht im selben Augenblick, in dem er sein heiliges Geheimnis offenbart, das Wort der Vergebung. In der Person Jesu Christi begegnet der anbetende Mensch dem heiligen Gott als dem Gott der verzeihenden Liebe. Die Liebe aber besiegt die Furcht. Wo der Mensch sich schämt und erschrickt, spricht Christus: „Fürchte dich nicht!" und ruft ihn in seine Nachfolge und Nähe. Die fremde Gottheit wird dem Menschen Heimat und Freund.

Die Kirche feiert das Opfer des Lobes

Wenn die Kirche Liturgie feiert, setzt sie das Gebet des Gottmenschen Jesus Christus fort und zugleich die staunende Anbetung derer, die in ihm dem Geheimnis Gottes begegnen durften. Eins mit dem Sohn, ihrem Haupt, tritt sie vor den Vater, um ihm das Opfer des Lobes darzubringen. Mit den gläubigen Menschen aller Zeiten gilt ihr Preislied aber auch dem, „der da kommt im Namen des Herrn". In der Stimme der Kirche hallt die Stimme der Menschen aller Jahrtausende wider, die sich dem heiligen Gott zu nahen wagen. Aber sie singt nicht mehr mit Zittern und Zweifel, sondern in der Zuversicht, mit Christus, ihrem Herrn, verbunden zu sein, der alle Schuld vergibt und der nicht Sklaven, sondern Freunde mitnimmt auf den Weg zum Vater.

Dass der Mensch dies begreift und dass er diese Haltung der Anbetung lernt, vollzieht sich nicht von heute auf morgen. Wer mit der Kirche Liturgie feiert, tritt darum ein in den Prozess der „Umgestaltung in Christus", die fähig macht zum vollendeten Lob.

Der Heilige Geist ist gleichsam die Stimme, durch die dieser Lobgesang erschallt. Darum sprengt die Liturgie der Kirche die Grenzen dieser Welt. Sie ist Ausgriff auf die Welt des Himmels, Vorgeschmack der vollendeten „Gemeinschaft der Heiligen", die in Ewigkeit kein anderes Daseinsziel mehr kennen, als im Lobpreis Gottes glücklich zu sein. Denn dieses Loben allein wird nach einem Wort des hl. Augustinus bleiben – „am Ende ohne Ende". In ihrem Wesen als „heiligem Spiel", als unverzweckter Zeit, die Gott zum Geschenk gemacht wird, lässt uns die Liturgie einen Blick werfen auf unser Menschsein in der Ewigkeit. Das Zweite Vatikanum lehrt: „In der irdischen Liturgie nehmen wir vorauskostend an jener himmlischen Liturgie teil, die in der heiligen Stadt Jerusalem gefeiert wird, zu der wir pilgernd unterwegs sind (...). In der irdischen Liturgie singen wir dem Herrn mit der ganzen Schar

des himmlischen Heeres den Lobgesang der Herrlichkeit."[12]
Der Gottesdienst der Kirche ist nach den Worten des
Konzils darum „vor allem Anbetung der göttlichen Majestät"[13]. Alles Weitere, auch Bitte und Dank, tragen
letztlich die Gestalt des liebenden Lobes. So sagt es ja das
Vaterunser: Geheiligt werde dein Name, dein Wille ge-
schehe – und dann erst die Bitte um Brot und Vergebung.

Wenn wir Liturgie feiern, „produzieren" wir nichts Neues, bemühen uns nicht angestrengt um „Gelingen" oder
um eine „Feierlichkeit", die als Lohn menschlichen Ap-
plaus erwartet[14]. Vielmehr stimmen wir in einen Gottesdienst ein, der „mit allen Engeln und Heiligen" schon
lange gefeiert wurde, bevor es jeden von uns gab, und der
nicht enden wird, wenn der sichtbare Kosmos vergangen
ist.

Anbetung befreit

Es ist Zeichen einer schweren Glaubenskrise, dass heute
oft gegen den anbetend-kultischen Charakter der Liturgie
polemisiert wird. Die Einwände lassen sich leicht entkräften. Natürlich beten wir Gott nicht deshalb an, weil er
diese Anbetung bräuchte. Der Gott der Bibel hat nichts zu
tun mit jenen Götzen, denen Goethes Prometheus vorhal-
ten kann: „Ihr nähret kümmerlich/ Von Opfersteuern/ Und
Gebetshauch Eure Majestät". Anbetung und Opfer vor
Gott haben wir, die Menschen, nötig!

---

[12] SC 8.
[13] SC 33.
[14] Dass das Klatschen in vielen Gottesdiensten mittlerweile üblich
geworden ist – bei „Jugendmessen" bekommt die Band nicht selten
regelrechten Szenenapplaus -, beweist, wie sehr man diese Wahrheit
vergessen hat. Vgl. dazu die Ausführungen bei Manfred Lütz, Der
blockierte Riese. Psycho-Analyse der katholischen Kirche (Augsburg
1999) 150ff.

Wir alle wissen: Die Wahrheit wird nicht dadurch wahrer, dass der Mensch sie erkennt. Aber das menschliche Denken kommt erst in der Erkenntnis der Wahrheit an sein Ziel. So wird auch Gott nicht größer, wenn wir ihn anbeten, doch wir Menschen finden erst in dieser Anbetung Gottes zum letzten Ziel unseres Daseins. In einer total funktionalisierten Welt, in der alles menschliche Tun zum Mittel für einen anderen Zweck degradiert wird, wirkt die Anbetung Gottes wahrhaft befreiend. Sie ist nicht Funktion, sondern Selbstzweck. Wir beten Gott nicht an, „um" etwas anderes zu erreichen, sondern weil er selbst unendlich anbetungswürdig ist. „Wir rühmen dich und danken dir, denn groß ist deine Herrlichkeit", heißt es darum mit Recht im Gloria der Messe.

In der Anbetung entdecken wir in letzter Konsequenz das Grundgesetz des Evangeliums: dass nur der sich selbst findet, der sich selbstvergessen verschenkt. Wenn der Mensch anbetend Liturgie feiert, bekennt er sich nicht nur zu diesem Grundgesetz, er übt es auch ein. Er macht es sich zur inneren Haltung und bittet darum, dass sein ganzes Leben Hingabe an Gott und sich verschenkende Liebe werde, die sich auch dann nicht verweigern möge, wenn sie die Form des Kreuzes annehmen muss.

Weder Moralpredigt noch Psychomassage

Diese sich selbst rechtfertigende Hingabe der Anbetung ist das Wesen der Liturgie, wenn wir sie von „unten nach oben", vom Standpunkt des Menschen „in Christus" hin zu Gott betrachten. Allein dadurch entzieht sie sich jeder profanen Verzweckung. Wir verkennen ihr Wesen, wenn wir sie zu einer belehrenden Schulstunde oder einer Moralpredigt degradieren, wie es die Aufklärung tun wollte. Ihre Behauptung, der Kult sei höchstens dazu da, um auf ein sittliches Leben vorzubereiten, und werde durch dessen Erreichung letztlich überflüssig, klingt damals wie heute für pseudo-intellektuelle Ohren sehr attraktiv. Für die Rationalisten aller Zeiten ist Ritus darum nur Zeitverschwendung. Oft erkennt man erst zu spät, dass hinter diesem Abschied von der Liturgie zugleich der Abschied vom persönlichen Gott steht. Denn wer Liturgie feiert, um anzubeten, bekennt sich zu einem Gott, den man ansprechen und persönlich lieben kann. Welcher Liebende aber würde behaupten, dass ein „Leben aus dem Geist der Liebe" die persönliche Liebeserklärung überflüssig macht?

In unserer Postmoderne nun, die den aufklärerischen Moralidealismus längst aufgegeben hat, scheint man die anbetende Liturgie nicht selten zur Psycho-Massage umzufunktionieren. Sie wird zu einer Veranstaltung, in der wir unsere Bedürfnisse nach wohltuender Selbstbestätigung oder schwärmerischer Gruppenerfahrung befriedigt finden. Aus dem großen Lobgesang wird eine mehr oder weniger professionell gestaltete Wochendosis Lebenshilfe, aus der Feier des Opfers die kollektive Einübung in „positives Denken". Das kosmische Ereignis, der dramatische Kampf zwischen Tod und Leben wird auf ein Wellness-Produkt unter vielen anderen reduziert. Am Ende regulieren dann, wie überall auf dem Markt, allein die wechselhaften Nachfragen und Bedürftigkeiten der Kunden das Angebot. Doch auch damit wird der Glaube wieder verzweckt. Zudem zieht er sich sofort den alten Vorwurf der Religionskritik zu, letztlich nur Projektion menschlicher Wünsche und Sehnsüchte zu sein. Dagegen müssen wir festhalten: „Die Kirche befriedigt keine Bedürfnisse, sie feiert Geheimnisse", wie Kardinal Martini von Mailand sehr treffend im Dialog mit dem Philosophen Umberto Eco zu bedenken gegeben hat. Genau dies drückt sich aus in einer anbetenden Liturgie.

„Was du kannst, das sollst du wagen ..."

Nur aus dem Geist der Anbetung heraus ist schließlich die äußere Gestalt der katholischen Liturgie zu verstehen, wie sie sich seit Jahrhunderten entwickelt hat. Die Menschen haben über 2000 Jahre ihr Bestes gegeben, um der inneren Anbetung des liturgischen Geschehens eine wahrnehmbare Gestalt zu verleihen. In Musik und Dichtung, Architektur und Malerei, in der Herstellung der sakralen Gefäße und Paramente haben Christen ihre Wertschätzung für das heilige Geschehen ausgedrückt. Es ist hier wie auch sonst im Leben: Form und Inhalt sind unzertrennlich. Oder in den Worten der modernen Kommunikationswissenschaften gesagt: „The medium is the message"[15] (M. McLuhan)! Wenn eine Ehefrau zum Hochzeitstag von ihrem Mann einen Topf mit Plastikblumen geschenkt bekommt, weiß sie, woran sie bei ihm ist. Und wenn sie einen duftenden, frischen Strauß roter Rosen bekommt, weiß sie es auch.

So ist es alles andere als triumphalistische Prunksucht, wenn katholische Liturgie Schönheit und Freude ausstrahlen will und sich dies auch etwas kosten lässt. Wenn wir, wie es die klassische römische Messe tut, am Ende jeder Feier voll Überzeugung mit dem Apostel Johannes sprechen wollen: „Wir haben Seine Herrlichkeit gesehen!" (Joh 1,14), dann müssen wir auch unsere menschlichen Mittel einsetzen, damit diese Erfahrung stattfinden kann. Zur Freude über Gottes „Fülle, aus der wir alle empfangen haben" (vgl. Joh 1,16), gehört immer ein „Element von Überschuss und Überschwang, von Nicht-Rechnen und fast von Verschwendung"[16]. Ein Fest ist immer das Nicht-Alltägliche. Pfennigfuchser und Krä-

---

[15] „Das Medium ist die Botschaft."
[16] Josef Pieper, Sakralität und „Entsakralisierung", zit. nach: Sonderdruck aus Hochland 61 (1969) 15.

merseelen verstehen nichts davon. Wie töricht es ist, den Aufwand des Dienstes an Christus mit der Unterstützung für die Armen aufrechnen zu wollen, können wir im Evangelium selbst nachlesen (vgl. Mt 26,9ff.). Puritanischer Schlichtheitskult und calvinistische Sauertöpfigkeit sind darum mit dem Wesen einer anbetenden Liturgie unvereinbar. Das katholische Motto für die Verehrung Gottes steht vielmehr in der Fronleichnamssequenz des hl. Thomas von Aquin: „Quantum potes, tantum aude ...“ – „Was du kannst, das sollst du wagen, / der ob allem Lob erhaben, / nie genügend lobst du ihn.“

Ein schlechter Tausch

Joseph Ratzinger hat schon vor mehr als 30 Jahren der Theologie unserer Zeit die Frage gestellt, ob sie nicht wie „Hans im Glück“ aus der bekannten Volkserzählung den Goldklumpen ihrer Überlieferung so lange gegen vermeintlich leichtere Güter eingetauscht hat, bis am Ende nur noch ein wertloser Schleifstein übrig ist, den man ohne Bedenken ganz wegwerfen kann[17]. Ähnliche Fragen mag stellen, wer sieht, wie in den letzten Jahrzehnten manches Gold unserer Kirchen einem faden Steingrau, mancher leuchtende Brokat dem tristen Sackleinen und mancher strahlende Kelch dem dumpfen Tongeschirr gewichen ist. In der Zeit vor und nach dem Zweiten Weltkrieg, als man sich in Deutschland zuerst vom hohlen Kitsch des Wilhelminismus und später vom falschen heidnischen Pathos des Nazi-Kults erholte, mag man den Wunsch nach einem gewissen Verzicht auf äußeren Zierrat und die Hinwendung zu strengeren Formen in Kirchenbau und sakraler Ausstattung verstehen. Doch spätestens das Wirken der kirchlichen „68er“ hatte eine ande-

---

[17] Vgl. Joseph Ratzinger, Einführung in das Christentum (München 1968) 7.

44

re Qualität. Viele Momente in dieser „Kulturrevolution"[18] sind aus heutiger Sicht rational kaum nachvollziehbar. Im bilderstürmerischen Wirken zahlloser Priester und Kirchenausstatter offenbart sich eine regelrechte Autoaggression, ein geradezu masochistischer Hass gegen sich selbst und die eigene Herkunft. Mancher der Akteure dieser Epoche und ihrer Epigonen verabscheut bis heute nichts mehr als die Kirche der Vergangenheit, in der er selbst einmal seinen Glauben und seine Berufung gefunden hat. Man zerstört ihre Symbole und ihren Kult, weil man in ihnen ein Stück der eigenen „alten" Identität erkennt, die man endlich abgeschüttelt zu haben glaubt. Doch die Scherben sprechen ihre eigene Sprache. Im Zerbrechen der Hochaltäre symbolisiert sich das Zerbrechen vieler geistlicher Lebensentwürfe. Der versprochene „Aufbruch", das Erstehen einer „jungen", „lebendigen Kirche" auf dem Trümmerfeld der Tradition ist Illusion geblieben und wird es auch weiterhin bleiben. Kein Wunder, dass auf die Euphorie der Frust folgte.

Anbetende Liturgie hat darum sogar therapeutische Wirkung. Wer sich auf sie einlässt, wird geheilt von bohrendem Kirchenhass und spiritueller Selbstzerstörung. Er befreit sich aus der depressiven Jammerspirale, in der sich zahllose Katholiken von heute abmühen wie der Hamster im Laufrad.

Anbetung, Schönheit und selbstvergessenes Dasein vor Gott haben Sinn. Ihr Ort ist die Liturgie. Wer mit ihr und aus ihr leben lernt, wird heil.

---

[18] Vgl. Helmut Kuhn, Die Kirche im Zeitalter der Kulturrevolution (Graz-Wien-Köln 1985).

4.

Die Liturgie ist ein ganzheitliches Geschehen, das alle Kräfte des Menschen einbezieht.

Der ganze Mensch ist beteiligt

Schon am Ende der letzten These haben wir den Blick darauf gewendet, dass die katholische Liturgie nicht bloß eine Sache des Verstandes ist. Im Gegenteil: Im Gottesdienst der Kirche ist der Mensch als ganzer beteiligt. Verstand, Herz und alle Sinne leisten ihren Beitrag in diesem „ganzheitlichen" Geschehen. Es ist gerade die Sinnenfreude, die sich allen Menschen, welche katholische Liturgie in ihrer Vollform erlebt haben, unauslöschlich einprägt. Was man hier erleben durfte, vergisst man nicht, selbst wenn man längst keinen lebendigen Bezug mehr zum Glauben besitzt. Wer einmal als Kind Ministrant war, der wird ein Leben lang den faszinierenden Geruch des Weihrauchs in seiner Nase spüren, das helle Läuten der Messglöcklein hören oder sich an das morgendliche Sonnenlicht erinnern, das sich in den bunten Kirchenfenstern brach, wenn der Priester den goldenen Kelch schweigend zum Himmel erhob. Weil die katholische Liturgie alle Sinne einbezieht, hinterlässt sie einen viel tieferen Eindruck als jeder nur intellektuelle Vortrag – und als jeder protestantische Gottesdienst, wenn allein das belehrende Wort der Predigt dominiert. Auch für den nichtglaubenden bleibt angesichts echter katholischer Liturgie der Eindruck eines gewaltigen Kunstwerks, einer beeindruckenden Inszenierung, einer psychologisch kaum besser zu gestaltenden Vermittlung der religiösen Botschaft. In dem Maße aber, wie der christliche Ritus von den Menschen vergessen oder gar innerhalb der Kirche verfallen ist, hat sich die säkularisierte Gesellschaft ihre eigenen, oft pseudo-religiösen Riten geschaffen, in denen sie ihr Leben ohne Gott feiert – sei es im nationalistischen Aufmarsch oder in Starkult und Unterhaltungsshow. Und wo die Sinnlichkeit des Menschen sich nicht im Kult vor Gott von der Gnade ergreifen lässt, da taumelt sie umso schneller jenen Abgründen entgegen, zu denen es die versehrte Natur ohne die Hilfe von oben notwendig zieht.

Gott alles in allem

So ist die Ganzheitlichkeit der Liturgie ein beredtes Zeichen dafür, dass die Kirche „den Menschen kennt". Sie weiß, dass der Mensch kein reiner Geist ist, sondern ein Geschöpf aus Leib und Seele. Was immer wir im Verstand begreifen, müssen wir zuvor durch die Sinne wahrgenommen haben. Und wenn wir unsere eigenen Gedanken mitteilen wollen, dann können wir dies nur im Medium der Leiblichkeit: durch hörbare Worte und sichtbare Gesten. Wir sind bemüht, die wahrnehmbare Welt um uns herum so zu gestalten, dass sie zum Bild und Ausdruck des Geistigen wird.

Der Mensch braucht darum sinnliche Zeichen, um immer wieder den Weg zum Unsichtbaren, Geistigen zu finden und um der inneren Anbetung Ausdruck zu verleihen[19]. Dass wir die „Herzen erheben" sollen, begreifen wir eben leichter, wenn wir bei diesen Worten wirklich aufstehen, anstatt sitzen zu bleiben, und unsere Demut können wir nicht besser in ein Zeichen bringen, als wenn wir uns körperlich klein machen, unsere Knie beugen. Katholischer Glaube ist Religion, die „ins Fleisch geht". Vor allem das Mittelalter mit seiner unübertroffenen „Kultur der

---

[19] Vgl. Thomas von Aquin, S. c. G. III, 119; Konzil von Trient, s. 22, c. 5 (DH 1746).

Geste"[20] hat der kirchlichen Liturgie eine Form gegeben, die dieses „inkarnatorische Grundprinzip" bleibend gültig zur Geltung bringt.

Dabei geht es um mehr als den Menschen und seinen Leib allein. Der Heilsauftrag des Christen ist umfassender, denn die Gottesherrschaft soll nicht nur im unsichtbaren Verstand Wirklichkeit werden, sondern in der ganzen sichtbaren Welt – „auf dass Gott alles in allem sei"! Der Christ glaubt an die leibliche Auferstehung am Ende der Zeiten. Er erwartet, dass einmal die ganze Schöpfung vom Glück des Himmels erfüllt und erneuert wird: lebendiges Medium für die Kommunikation zwischen Gott und Mensch. Das ist ihr Sinn und Ziel. Die Seele, die Gott schaut, wird einmal den Leib verklären, ihn befähigen zum Leben in der neuen Schöpfung der zukünftigen Welt. Dieser Glaube drückt sich plastisch aus in einer Liturgie, die jetzt schon ein Stück Welt vergöttlicht, indem sie neben dem Leib auch die Dinge Anteil gewinnen lässt an der inneren Gotterfülltheit und Schönheit des heiligen Geschehens. Die Kirchenmusik und die Vielfalt der sakralen Kunst finden in dieser Einsicht ihre tiefste Begründung. Nur von hier aus wird auch verständlich, warum es im katholischen Kult „sakrale" Räume, Dinge und Handlungen gibt, die ausdrücklich vor profaner Mitbenutzung geschützt werden. Die Sorge um das Sakrale ist Bekenntnis dazu, dass verleiblichte Anbetung die zukünftige Vollendung dieser Welt sein wird.

Die Sprache der Symbole

Weil all dies jetzt noch „kein Auge geschaut und kein Ohr gehört hat", fehlen uns die Worte, um es auszudrücken.

---

[20] Vgl. J.-C. Schmitt, Die Logik der Gesten im lateinischen Mittelalter (Stuttgart 1982).

Die rein begriffliche Sprache kommt nicht über Analogien hinaus, wenn sie von Gott spricht und vom letzten Inhalt seiner Verheißungen. Die Liturgie greift darum zu anderen Formen des Ausdrucks. Sie schöpft aus der Fülle der Bilder, Zeichen und Symbole, die „wie die Fäden [sind], aus denen die Feier eines Sakraments gewoben ist" (KKK 1145). Vieles davon bedarf keiner kommentierenden Erklärung, sondern ist dem unmittelbaren Verstehen jedes Menschen zugänglich. Wenn der Priester die Arme zum Himmel erhebt und wenn er sich am Karfreitag ausgestreckt vor dem Altar niederwirft, wenn die Gläubigen beim Gebet ihre Knie beugen, ihre Hände falten und sich an die Brust schlagen, wenn schließlich die ganze Gemeinde in tiefem Schweigen vor dem Geheimnis verharrt, dann treffen wir darin auf eine Sprache, die der ganzen Welt gehört und die jeder ohne Worte begreift[21]. Die großen Symbole der Menschheit, deren größtes die religiöse Opfergeste ist, werden in der Liturgie der wahren Religion aufgenommen, gereinigt und geheiligt.

Doch es geschieht darin sogar noch mehr: Naturelemente wie Wasser und Öl, Wein und Brot, derer sich schon die heidnischen Religionen in ihren Riten bedienten, werden in der christlichen Liturgie zu Sakramenten erhoben. Indem sich Gottes heiligende Kraft im deutenden Wort an sie bindet, werden sie zu Zeichen, die wahrhaftig bewirken, was sie darstellen. „Es tritt das Wort zum Element, und so entsteht das Sakrament", lautet eine Formulierung des hl. Augustinus, die man sich leicht merken kann. Indem Gott Stücke der Schöpfung zu Sakramenten erhebt, macht er sie zu Werkzeugen seiner Gnade. So werden sie zugleich zum Unterpfand dafür, dass die Natur von innen her durch die Gnade verwandelt und alles Geschaffene nach Gottes Willen übernatürlich vollendet werden soll.

---

[21] Vgl. Franz Hettinger, Timotheus. Briefe an einen jungen Theologen (Freiburg i. Br. 1890) 520f.

Liturgischer Ritus als Grammatik der Liebe

In besonders dichter Form begegnen uns Zeichen und Symbole bei der Feier der hl. Messe. Hier, im Umgang mit ihrem größten und erhabensten Sakrament, hat die Kirche im Laufe der Jahrhunderte einen Ritus geschaffen, der bis ins kleinste Detail Ausdruck dessen sein will, was von Gott her unsichtbar am Altar geschieht und was sie selbst vor Gott zur Sprache bringen will. Natürlich gehört vieles davon nicht zum Wesen, zum unerlässlich notwendigen Kern des sakramentalen Geschehens. Manches hat erst spät seine heute vorliegende Form gefunden. Aber ist es deswegen überflüssig?

Schon im alltäglichen Bereich geben wir uns nicht damit zufrieden, gegenüber Menschen, die uns etwas bedeuten, allenfalls die Grundregeln des Anstands oder der Höflichkeit zu wahren. Vielmehr sind wir bemüht, durch viele kleine Zeichen des Wohlwollens, der Dankbarkeit, der Liebe auszudrücken, was wir für sie empfinden. Jeder Augenschlag, jede Nuance kann dabei Bedeutung haben. So muss es erst recht im liturgischen Bereich sein, wo es um unser Verhältnis zu Gott geht. Die vielen scheinbar so unbedeutenden Achtsamkeiten des Ritus, seine feinfühligen Kundgaben von Ehrfurcht, Demut und Anbetung sind die konkrete „Grammatik der Liebe", in der wir Gott anzusprechen wagen. Sie sind die Vokale, welche die stummen Wurzeln unserer religiösen Worte vor Gott erst zum Klingen bringen. Wer sie für überflüssig erklärt, behält, um im linguistischen Vergleich zu bleiben, nur eine liturgische „Schwundstufe" zurück, die höchstens noch Objekt wissenschaftlicher Theorie, aber kein Teil lebendigen menschlichen Sprechens mehr ist.

Doch nicht nur unsere Haltung vor Gott (die „aufsteigende" Bewegung der Liturgie) wird in den vielen Riten und Symbolen der Messe ausgedrückt. Ebenso wollen sie uns wiederum auf vielerlei Weise zu dem hinführen, was Gott hier für uns tut. Auch die „absteigende Bewegung", die heilsvermittelnde Kraft der Liturgie kommt in den Zeichen der Messe zum Ausdruck, vor allem mit Blick auf das erlösende Leiden des Herrn.

An beide Aspekte denkt der hl. Thomas von Aquin, wenn er die Gesten des Priesters bei der Messfeier gegen den Vorwurf in Schutz nimmt, bloß störendes Beiwerk zu sein: „Das, was der Priester in der Messe tut, sind keine lächerlichen Gebärden. Denn es geschieht, um etwas zu vergegenwärtigen. Wenn nämlich der Priester nach der Wandlung die Arme ausbreitet, bezeichnet dies die Ausbreitung der Arme Christi am Kreuz. Er erhebt ferner die Hände beim Gebet, um sichtbar zu machen, dass sein Gebet für das Volk zu Gott hin gerichtet ist (...). Dass er manchmal die Hände faltet, sich verbeugt und flehentlich und demütig betet, bezeichnet die Demut und den Gehorsam Christi, mit welchem Er gelitten hat. Nach der Wandlung aber hält er die Fingerspitzen, nämlich den Daumen mit dem Zeigefinger, mit denen er den gewandelten Leib Christi berührt hat, zusammen, damit, falls irgendein Teilchen den Fingern anhaften sollte, dieses nicht verstreut werde: Das gehört zur Ehrfurcht gegenüber dem Sakrament."[22]

In diesen Worten wird spürbar: Der geheimnisvolle Kosmos der Gesten und Riten der hl. Messe ist der konkrete Ort, wo sich das Beten des Menschen und die Zuwendung Gottes berühren. Gottes Geschenk und die Antwort des Geschöpfes werden durch die zarten Fäden der heiligen Zeichen miteinander vereint. Himmel und Erde verbinden sich zu einem Gespräch, in dem mehr zählt als das Wort allein.

---

[22] S. th. III, 83, 5 ad 5. Das zuletzt genannte Rituselement ist seit der letzten Liturgiereform nicht mehr allgemein in Gebrauch.

Verlust der Symbole – Krise der Liturgie

Im Blick auf den nachkonziliaren Gottesdienst nun ist der Jammer über den Verlust der Symbole fast schon zum Topos geworden. Dass diese kritische Einschätzung selbst von nichtchristlichen Beobachtern der kirchlichen Entwicklung (wie dem marxistischen Psychoanalytiker Alfred Lorenzer[23]) geteilt wird, hat auch progressive Theologen zum Nachdenken gebracht. Symbole, so viel wird klar, sind in der Liturgie weit mehr als bloße Äußerlichkeiten, die nur das Wort begleiten und auf deren richtigen oder falschen Vollzug es im Grunde wenig ankommt. Als Bestandteil rubrizistischer Anweisungen mag man sie gering schätzen. Für eine juristische Bewertung bloßer Gültigkeit mögen sie keine Rolle spielen. Auf der Ebene des gläubigen Erlebens ist es aber ganz anders. Wenn Symbole und Riten genauso wie das Wort Ausdruck des liturgischen Inhaltes selbst sind, dann müssen sie bewusst, innerlich stimmig und mit aller nötigen Sorgfalt vollzogen werden. Wo dies nicht geschieht, zerbricht die empfindliche Einheit des gottesdienstlichen Organismus. Statt einer widerspruchsfreien, harmonischen Gestalt bietet sich den Mitfeiernden dann eine Anhäufung höchst verwirrender und destruktiver „Doppelbotschaften" dar: Was auf der einen Seite behauptet, gefordert, nahe gelegt wird, wird auf einer anderen Ausdrucksebene im gleichen Augenblick geleugnet, abgelehnt, zurückgenommen. Der liturgische Alltag ist heutzutage voll von Beispielen dafür: Ein Zelebrant spricht vom „Allerheiligsten" und fasst die gewandelte Hostie zugleich lieblos und flüchtig, wie einen wertlosen Gegenstand an. Eine liturgische Prozession schreitet bei erhabener Musik mit Kerzen und in feierlicher Gewandung zum Altar – und mittendrin schlendert lässig die Lektorin in kurzem Rock, das Lesungsbuch

---

[23] Das Konzil der Buchhalter (Frankfurt 1981).

unter den Arm geklemmt. Der Priester besingt in der Präfation in hoher biblischer Sprache die Größe Gottes und
seiner Heilstaten – und währenddessen beginnen die
Leute, im Gebetbuch zu blättern, weil der Organist gerade
jetzt die Nummer für das Sanctuslied angezeigt hat. Doppelbotschaften zuhauf – das Ganze wird zerstört. Gefordert ist also an erster Stelle eine wirkliche Stimmigkeit im
liturgischen Tun, sofern die menschliche Unvollkommenheit dies zulässt. Nur wenn alles *eine* Sprache spricht,
wird das Ziel erreicht.

Mehr als Worte

Wer Liturgie als ganzheitliches Geschehen entdecken will,
kommt nach dem bisher Gesagten nicht daran vorbei, ausdrücklich nach dem rechten Verhältnis zwischen Zeichen
und Wort zu fragen. Der nicht als Reaktionär verdächtige
Wiener Pastoraltheologe Paul Michael Zulehner beklagt in
einem eigenen Büchlein den penetranten „Wortdurchfall"
(die „Logorrhoe") der Liturgen, die den ganzen Gottesdienst zur Predigt umgestalten, ohne zu merken, dass sie
ihre Zuhörer damit langweilen und das Wort entwerten,
statt es zu verkünden[24]. Manche Zelebranten, die noch stark
von der Katecheseflut der vergangenen 70er Jahre geprägt
sind, kommentieren mehr das sakramentale Tun, als dass
sie es vollziehen. Abgesehen davon, dass ein solches Verhalten tatsächlich priesterzentriert und klerikalistisch im
allerschlechtesten Wortsinne ist, spricht es vor allem den
heiligen Zeichen jede Überzeugungs- und Wirkkraft ab.
Auch hier wird das sakramentale Grundprinzip der Liturgie
geleugnet, das in allem Sichtbaren ein reales Werkzeug der
unsichtbaren göttlichen Kraft erkennt. Stattdessen will der
Zelebrant selbst die Verantwortung dafür übernehmen, dass

---

[24] Paul M. Zulehner, Wie Musik zur Trauer ist eine Rede zur falschen
Zeit (Ostfildern 1998).

im liturgischen Geschehen etwas „rüberkommt". Oft ist es ein regelrechter „horror vacui"[25], den man im Geschwätz zu übertünchen sucht. Doch gerade den Schwätzer haben Langweile und öde Leere am schnellsten wieder eingeholt. So braucht man sich nicht zu wundern, dass die Gläubigen von heute mit dem Ertragen liturgischer Stille vielfach auch das eigenständige persönliche Beten im Gottesdienst verlernt haben.

Carl Sonnenschein, der als Großstadtseelsorger in Berlin schon vor dem letzten Weltkrieg das Herz des modernen Menschen gut gekannt hat, warnt in einer Notiz aus dem Jahre 1928 vor dem naiven Glauben an das gesprochene Wort allein und weist stattdessen einen ganz anderen Weg: „Im Mittelpunkt des religiösen Lebens steht nicht das Wort, sondern das Mysterium! Die Anbetung! Das Gebet!"[26] Dies vergessen zu haben, ist eine große Armut unserer Zeit. Mehr als lange Reden brauchen wir neuen Glauben an die Vollmacht der religiösen Mysterien, an die Kraft der ehrfürchtigen Geste und die Autorität des Schweigens, in dem Gott zum Menschen spricht.

Geschenk aus der Ewigkeit

Auf einen weiteren, noch tiefer liegenden Grund der genannten Defizite hat schließlich Kardinal Ratzinger hingewiesen. „In unserer Liturgiereform gibt es eine Tendenz, die meiner Meinung nach falsch ist, nämlich die vollkommene 'Inkulturation' der Liturgie in die moderne Welt hinein. (...) Damit aber ist das Wesen von Liturgie und liturgischer Feier gänzlich missverstanden. Denn in der Liturgie begreift man ja nicht einfach auf rationale Art, so wie ich etwa einen Vortrag verstehe, sondern auf vielfältige Weise, mit allen Sinnen und mit dem Hineingenommen-

---

[25] Lat. „Schauder vor der Leere".
[26] C. Sonnenschein, Notizen. Weltstadtbetrachtungen (Berlin 1935) 26.

werden in eine Feier, die nicht von irgendeiner Kommission erfunden ist, sondern die gleichsam aus der Tiefe der Jahrtausende und letztlich der Ewigkeit her zu mir kommt."[27] Hier ist von der entscheidenden Grundhaltung die Rede, mit der sich ein Feiernder der Liturgie nähern soll: Liturgie feiern zu können, hat mit Demut zu tun. Wer in ihre Welt eintritt, verzichtet auf totale Anpassung des Geschehens an die eigenen Wünsche und den eigenen begrenzten Intellekt. Er vertraut der Weisheit vieler Generationen mehr als seinem momentanen Urteil, weil wir Heutigen ja (nach dem Wort eines mittelalterlichen Theologen) Zwerge sind, die auf den Schultern von Riesen stehen. Er will sich prägen lassen von der Sprache Gottes, die auf Erden Geheimnis bleibt und nur im Symbol anfanghaft erfahrbar wird. So aber nimmt er teil am Lebensstrom der Ewigkeit, wie es Gertrud von Le Fort in der hohen Sprache ihrer „Hymnen an die Kirche" ausgedrückt hat: „Deine Diener tragen Gewänder, die nicht alt werden, und deine Sprache ist wie das Erz deiner Glocken. Deine Gebete sind wie tausendjährige Eichen, und deine Psalmen haben den Atem der Meere."

Und die Konsequenzen?

Wenn sich nach alledem die Frage aufdrängt, „ob nicht die Kirche mit ihrer Liturgie längst in die Falle postmoderner Beliebigkeit geraten ist", muss notwendig die Gegenfrage gestellt werden: „Ist nicht wirklich eine ‚Reform der Reform' längst angesagt, weil ‚aggiornamento'[28] und Zeitgenossenschaft nicht auf Kosten der Wahrheit und

---

[27] Joseph Kardinal Ratzinger, Salz der Erde (Stuttgart 1996) 186.
[28] „Anpassung an das Heute"; ein Wort, das Papst Johannes XXIII. benutzte, um das Anliegen des II. Vatikanischen Konzils zu umschreiben.

kirchlichen Identität vollzogen werden dürfen?"[29] Leider schrecken selbst Theologen, die zu einer derartig klaren Bestandsaufnahme gefunden haben, vor der Konsequenz der eigenen Einsichten zurück[30]. Die Diagnose liegt also auf der Hand – aber mit der Therapie tut man sich schwer. Doch hier darf es keine falschen Skrupel geben. Es hilft keine täuschende Kosmetik, sondern nur eine unge-schminkte Analyse der derzeitigen Lage, der die Beseiti-gung jener Missstände folgt, die längst nicht nur irgend-welche Äußerlichkeiten, sondern die Prinzipien katholi-schen Gottesdienstes antasten und gefährden. Die Beseiti-gung der liturgischen Orientierungslosigkeit wird nur dann gelingen, wenn man zu einem Ritus zurückfindet, der auch in seiner konkreten Ausformung in der Lage ist, die Wesensgesetze der Liturgie uneingeschränkt zur Durchsetzung zu bringen. Er wird die Versuchung zum dauernden Experimentieren und Verändern vom heiligen Geschehen fernhalten. Und er wird in den Herzen jene wahrhaft katholische Glaubensgesinnung erneuern, die zu allen Zeiten im dauernden Wechsel von Sammlung und Sendung den Altar als ihre wahre Lebensmitte erkannt und geliebt hat.

---

[29] W. Haunerland, Abschied vom Objektiven? Zur Pluriformität und Identität katholischer Liturgie, in: Pastoralblatt 11/2000, 326.

[30] Ebd.: „Die naheliegende, in der bisherigen Darstellung fast zwingend erscheinende Zustimmung zu diesen Fragen wäre fatal", weil man anderer-seits die These nicht aufgeben möchte, dass „die Kirche als eine globale und multikulturelle Gemeinschaft auch pluriforme Ausprägungen ihrer Liturgie braucht" (ebd. 328). Dass diese Behauptung äußerst fragwürdig ist, zeigt nicht nur ihr untheologischer Charakter und die Tatsache, dass die Kirche mit einer uniformen Liturgie in der Vergangenheit die größten Missionser-folge errungen hat; ebenso könnte man auf den heutigen weltweiten Erfolg sehr vieler „globaler" Kulturelemente verweisen, die sich um Pluriformität und Inkulturation herzlich wenig kümmern.

5.

Die Liturgie ist gebetetes Bekenntnis und Maßstab christlicher Frömmigkeit.

Liturgie als Mystagogie

Liturgie, so haben wir mehrfach betont, ist nicht an erster Stelle Katechese und Belehrung, sondern Heiligung und Anbetung. Gerade dadurch aber „bildet" sie den Christen in einem umfassenden Sinne. Nicht zu Unrecht lautet ein kluger Aphorismus: „Bildung ist das, was man weiß, wenn man vergessen hat, was man gelernt hat." Wer als Kind mit seinen Eltern regelmäßig die Messe besucht hat, ist liturgisch gebildet, auch wenn er sich an keine einzige Predigt mehr erinnert. Er vermag Gebete und Lieder mit zu vollziehen, hat Innerlichkeit und Stille eingeübt, weiß sich in sakralen Räumen zu verhalten, kennt die Ehrfurcht vor dem Heiligen und vieles mehr. Er ist mit dem katholischen Katechismus vertraut, weil er ihn gebetet hat. Er kennt das Kirchenjahr, weil er es selbst durchschritten hat. Liturgie ist Mystagogie – Einführung ins Geheimnis. Darin besteht jene lebendige religiöse Bildung, auf die es im Glauben ankommt.

Noch einmal: die Demut

Eine der wichtigsten Grundhaltungen, die wir als Feiernde dieses verwandelnden Geheimnisses mitbringen müssen, ist schon im vorangegangenen Kapitel genannt worden: Es ist die Tugend der Demut. Demut – Dienmut – ist Vorbedingung liturgischen Feierns wie Vorbedingung des Glaubens insgesamt. Demut bedeutet hier: zuerst hören, dann sprechen; sich beschenken lassen, statt selbst „machen" zu wollen; nach Gottes Wünschen fragen, nicht nur nach den eigenen. Wer Liturgie feiert, übt die zu Dienst, Gehorsam und Selbstverzicht bereite Haltung ein, die ebenso in jedem anderen Moment gläubiger Existenz gefordert ist. Auch darum ist die Liturgie Ritus, Vorgabe, Forderung und nicht bloß freie Form, Kreativbühne, Bedürfnisstillung. Pascal hat in einem vielinterpretierten Abschnitt seiner „Pensées" auf den Zusammenhang zwischen Erlernen des Glaubens und praktizierter Liturgie hingewiesen: Wer sich in die Schule der Liturgie begibt, lernt seine ungeordneten Leidenschaften zu zügeln, die mehr vom Glauben abhalten als jeder rein intellektuelle Zweifel. „Sie wollen vom Unglauben geheilt werden und kennen nicht das Heilmittel? Lernen Sie von denen, die früher wie Sie von Zweifeln gepeinigt wurden ... Ahmen Sie deren Handlungsweise nach, tun Sie alles, was der Glaube verlangt, als wenn Sie schon gläubig wären. Besuchen Sie die Messe, gebrauchen Sie Weihwasser usw., das wird Sie zweifellos einfältig machen und zum Glauben führen."[31]

Umgestaltung in Christus

Allerdings würde man das Zitat Pascals missverstehen, wenn man meinte, diese „Als-ob-Strategie" sei für den Zweifelnden bereits alles, was der Glaube des Einzelnen von der Liturgie empfangen darf. Dies ist nur der erste Schritt: dass die Liturgie den Zweifelnden bekehren kann, indem sie ihn an der Hand nimmt und in die Welt des Glaubens einführt – nicht mit trockenen Reden, sondern im prägenden Vollzug. Für den Fortschreitenden aber ist die Bildung durch die Liturgie letztlich unendlich mehr als das Erlernen bestimmter Verhaltensregeln oder das, was man heutzutage als „kirchliche Sozialisation" bezeichnet. Ziel ist vielmehr eine wirkliche, das Sein berüh-

---

[31] Paschal, Pensées, Fragment 233 (ed. Brunschvicg 137f.).

rende Umwandlung der Person, die der katholische Philosoph Dietrich von Hildebrand „Umgestaltung in Christus" genannt hat[32]. Liturgische Christusbegegnung soll zur persönlichen Christverähnlichung werden. Was der Bischof in der Weihe zu den jungen Priestern spricht, wenn er ihnen symbolisch die Gaben von Brot und Wein für die zukünftige Feier des Opfers überreicht, das gilt für jeden Christen, der aus der Feier der Liturgie lebt: „Bedenke, was du tust, ahme nach, was du vollziehst, und stelle dein Leben unter das Geheimnis des Kreuzes." Er, dessen Opfer wir feiern und den wir im Sakrament empfangen, soll in uns zu leben beginnen, unsere Haltungen, unsere Urteile, unser Wesen durchdringen. Seine Kraft soll unser Handeln bewegen, seine Tugenden sollen die unseren werden. Demut und Gehorsam, Frömmigkeit und Barmherzigkeit, Nüchternheit und Zucht, selbstlose Hingabe und treuer Dienst sind liturgische Grundhaltungen, und es sind zentrale Tugenden des christlichen Lebens. Nicht nur der Priester soll durch sie zur Gleichförmigkeit mit dem Herrn gelangen, wenn er ihn im heiligen Geschehen repräsentiert, ein „anderer Christus" („alter Christus") werden, seine lebendige Ikone in dieser Welt – sondern jeder Gläubige, der die hl. Messe mitfeiert. Immer wieder wird darum in den gottesdienstlichen Gebeten, vor allem nach der Kommunion, dieses Anliegen vorgetragen. Indem die Liturgie die Bitte ausspricht, führt sie selbst uns auf den Weg der Umgestaltung, der ein ganzes Leben andauert.

Die Notwendigkeit liturgischer Bildung

Die Liturgie bildet den Christen aber nicht nur in einem umfassenden Sinn, sie setzt auch, will sie recht mitgefeiert werden, wenigstens ein Mindestmaß an Bildung und die

---

[32] Vgl. dazu seinen wertvollen Aufsatz: Liturgie und Persönlichkeit, in: Umgestaltung in Christus (Salzburg 1933 u.ö.).

rechte Einstellung des Gläubigen voraus. Nicht jedes Kirchenmitglied ist wirklich „liturgiefähig", wie heute im Bereich der Kinder- und Jugenderziehung, aber auch bei außerordentlichen Gottesdiensten (Beerdigung, Trauung) schmerzlich erfahrbar wird. Das bloße Getauftsein mit „liturgischer Kompetenz" gleichzusetzen, ist ideologischer Unfug. Noch schlimmer wird es, wenn man nicht praktizierenden Müttern oder Vätern sogar die katechetische und liturgische Vorbereitung von Kommunionkindern anvertraut – wie sollen sie, bei allem guten Willen, anders wirken denn als „blinde Blindenführer"? Hier müsste zuvor eines der großen Anliegen der Liturgiekonstitution des Zweiten Vatikanums verwirklicht werden, nämlich die „volle und tätige Teilnahme" aller Gläubigen am gottesdienstlichen Geschehen durch hinreichende Unterweisung und liturgische Bildung möglich zu machen (SC 14 bis 20). Obwohl in der nachfolgenden Liturgiereform die Feier in der Volkssprache und eine Vereinfachung der Riten durchgesetzt wurden, scheinen wir vom Ideal einer umfassenden liturgischen Bildung des gläubigen Volkes heute weiter entfernt zu sein denn je. Jeder kann dies durch einfache Fragen zum Thema sogar in Kirchenvorständen oder Pfarrgemeinderäten bestätigt finden. Hier hätten Predigt und Unterweisung wichtige Aufgaben zu erfüllen.

Gebetetes Bekenntnis

Nicht nur die (subjektive) Haltung des Glaubens steht, wie wir sahen, in engster Verbindung zur Welt der Liturgie, sondern auch sein (objektiver) Gehalt. Die Liturgie ist in gewissem Sinne eine eigenständige theologische Erkenntnisquelle („locus theologicus"), ein Ort im Leben der Kirche, wo der authentische katholische Glaube aufgefunden werden kann. Durch Form und Inhalt wird die Liturgie zum wichtigen Maßstab der Rechtgläubigkeit.

„Lex orandi, lex credendi" heißt ein altes Prinzip der Theologie: Das Gesetz des Betens ist das Gesetz des Glaubens. Nicht umsonst haben alle Irrlehrer und Kirchenspalter immer zuerst den Gottesdienst zu verändern gesucht. Denn Liturgie ist Gestalt gewordenes Dogma, es ist gefeiertes Bekenntnis, auf das man sich berufen kann. Wenn der katholische Priester in der Messfeier nach der hl. Wandlung die Knie beugt, dann ist die einzig mögliche Erklärung dafür, dass er unter den verwandelten Gaben Jesus Christus selbst anwesend weiß. Wo dieser Ritus verschwindet, kann man auch den Glauben an die Realpräsenz nicht mehr voraussetzen. Die Liturgie, sofern sie nach der Maßgabe der Kirche gefeiert wird, ist darum für jeden Teilnehmer immer wieder ein konkreter Glaubenstest: Kann ich dem wirklich zustimmen, was hier geschieht? Die Liturgie wird für den Einzelnen zum frühzeitigen Warner, wenn sich bei ihm Fehlhaltungen einzuschleichen drohen. Zugleich hilft uns ihr Ideal, manche Glaubenszweifel zu überwinden, denn sie führt uns vom eigensinnigen Grübeln zum gemeinschaftlichen Tun. „Mens concordet voci", „das Herz möge mit der Stimme zusammenklingen", so lautet der Anspruch, den die Liturgie an ihre Mitfeiernden stellt und den sie selbst zu erfüllen hilft.

Maßstab der Frömmigkeit

Neben dem Glauben des Einzelnen haben sich deshalb auch alle privaten Formen der Frömmigkeit am Maßstab der offiziellen Liturgie beurteilen zu lassen. Wann immer etwa gewisse Weisen der Heiligenverehrung intensiver gepflegt werden als die Feier des Messopfers, muss Einspruch erhoben werden. Wenn Frömmigkeitsübungen von der Messe weg statt zu ihr hinführen, atmen sie keinen katholischen Geist. In ihrer rechten Form dagegen speist sich die private Frömmigkeit aus dem Geist der Liturgie und macht deren Mitfeier fruchtbar und lebendig. So hat es beispielsweise der Messliturgie nicht gut getan, dass man über der Betonung ihrer Wichtigkeit andere Formen katholischer Frömmigkeit (eucharistische Andachten, Rosenkranzgebet etc.) vergessen und vernachlässigt hat. Dieser Entwicklung trat die Kirche in den letzten Jahren entgegen: Das „Direktorium über die Volksfrömmigkeit und die Liturgie" vom 17. Dezember 2001 will die vielfältigen Formen der katholischen Volksfrömmigkeit als lebendige Tradition der Kirche im rechten Verhältnis zu Gottesdienst und Sakramenten beibehalten und fördern.

Die offizielle Liturgie ist immer nur Teilstück in einem umfassenden geistlichen Leben, in dem es nach den Worten Pius XII.' letztlich „keinen Widerspruch zwischen öffentlichem und privatem Gebet, zwischen Sittenlehre und Mystik, zwischen Aszese und liturgischer Frömmigkeit" gibt (MD 36[33]).

---

[33] DH 3846.

Kapitel 2

Das Wesen der heiligen Messe

Was ist eigentlich die heilige Messe? Was tun wir, wenn wir uns sonntags (und werktags) in der Kirche versammeln, um Eucharistie zu feiern?

Wenn man einmal nach der Messe eine kleine Umfrage unter Gläubigen durchführte, bekäme man sicherlich Antworten wie: „Wir beten zusammen", „Wir feiern Gottesdienst", „Wir singen Lieder und hören etwas aus der Bibel", „Wir feiern, dass Christus in unserer Mitte ist". Und wenn man fragte, warum der Einzelne in die Messe gekommen ist, könnten die Antworten vielleicht so lauten: „Ich kann einmal in der Woche richtig auftanken", „Ich höre gerne eine gute Predigt", „Ich fühle mich in der Gemeinschaft aufgehoben."

Alle diese Antworten sind richtig. Aber sie sind nicht vollständig. Das Eigentliche, der Kern, das Wesen der heiligen Messe wird in ihnen nicht erfasst. Lieder und Gebete, die Predigt, das Gefühl der Zusammengehörigkeit und Gemeinschaft, der geistliche Impuls für die Woche, all das lässt sich in unserer Messfeier wieder finden. All das gehört zur Messe. Aber ihr Wesen liegt darin nicht.

Begegnungen wie diese kann ein Seelsorger häufig machen: Eine junge Frau berichtet im Gespräch, dass ihr Pfarrer ihr erklärt habe, der sonntägliche Messbesuch sei wichtig, um die Gemeinschaft zu erleben. „Aber", so sagte sie dann, „Gemeinschaft erlebe ich viel intensiver, wenn ich mit meinen Freunden zusammen bin. Warum soll ich also zur Messe gehen?"

Und damit hat sie völlig Recht. Jeder weiß, dass die „normale" Sonntagsmesse oft alles andere als ein Ausbruch von packenden Gemeinschaftsgefühlen ist. Manchmal langweilt man sich – nicht nur bei der Predigt. Manchmal sitzt man neben völlig fremden Leuten, manchmal findet man den Nachbarn richtig unsympathisch. Das „Erleben", das „Gefühl" von Gemeinschaft kann also nicht der eigentliche Zweck des Messbesuchs sein.

Hinter dem, was da in der Kirche für alle sichtbar geschieht, muss etwas anderes liegen. Das, was wir durch bestimmte Gebete und Rituale, eben durch die Liturgie, feiern, ist nur die äußerlich sichtbare Seite einer Wirklichkeit, die eigentlich unseren Sinnen verschlossen ist. Um diese Wirklichkeit der heiligen Eucharistie geht es. In drei Punkten werden wir versuchen, sie zu beschreiben. Erst dann, wenn wir das Wesen der Messe kennen gelernt haben, wenn wir sie wirklich mitbeten und mitfeiern, dann können all die anderen Elemente des Gottesdienstes dazukommen: die gute Predigt, das Erlebnis von Gemeinschaft, das gemeinsame Singen, der Impuls für die Woche.

1.

Das Opfer des Neuen Bundes

Um die Frage nach dem Wesen der heiligen Messe beantworten zu können, müssen wir zunächst einmal zum Ursprung der Messfeier zurückkehren. Den Ursprung der Messe feiern wir jedes Jahr in der Karwoche. Am Gründonnerstag wird die Liturgie „vom Letzten Abendmahl" gefeiert: Wir denken an den Tag, an dem Jesus Christus mit seinen Aposteln zum letzten Mal gegessen hat. Es war der Vorabend seines Todestages.

Das Letzte Abendmahl ist – so könnte man sagen – die erste Feier der heiligen Messe gewesen. Auch wenn sich in dem äußeren Ablauf, dem äußeren Ritus viel verändert hat: im Wesentlichen tun wir bei der Feier der heiligen Messe dasselbe, was auch Christus im Abendmahlssaal getan hat.

Bevor wir aber den Zusammenhang von Letztem Abendmahl und unserer heutigen Feier der heiligen Messe näher betrachten, müssen wir noch weiter in der Geschichte zurückgehen: Das Letzte Abendmahl fand nämlich in der Form des jüdischen Paschamahls statt. Ganz am Anfang unserer Überlegung muss also das Paschamahl stehen, das Christus mit seinen Aposteln gefeiert hat.

Das Paschamahl

Die Feier des Paschamahls war und ist das wichtigste Fest der Juden. Von seiner Entstehung berichtet in der Bibel das Buch Exodus, das zweite Buch Moses: Das Volk Israel befand sich in der ägyptischen Gefangenschaft. Gott wollte sein Volk durch Mose retten. Am brennenden Dornbusch hatte er ihm dazu den Auftrag gegeben. Der Pharao aber widersetzte sich den Bitten des Mose, er weigerte sich, das Volk Israel ziehen zu lassen. So kam es zu jener Nacht, in der der Engel Gottes durch Ägypten schritt und jede Erstgeburt bei den Menschen und beim Vieh getötet wurde.

Vor diesem Strafgericht Gottes sollten die Familien des Volkes Israel bewahrt bleiben. Jede Familie schlachtete ein Lamm und bestrich die Türpfosten mit dem Blut dieses Lammes. Das Fleisch wurde gebraten und verzehrt. An den Türen, die mit dem Blut des Lammes bestrichen waren, wollte Gott, der Richter, vorübergehen, ohne zu töten. Deshalb wurde diese Nacht die „Nacht des Vorübergangs Gottes" – die „Nacht des Pascha" – genannt. Nach diesem Gottesgericht ließ der Pharao das Volk Israel ziehen.

Zum Dank für die Rettung aus der Knechtschaft Ägyptens feierte das Volk Israel jedes Jahr die „Nacht des Vorübergangs", die Paschanacht[34]. Bei dieser Paschafeier wurden zur Zeit Jesu die Lämmer in den Tempel von Jerusalem gebracht. Dort wurden sie geschlachtet. Ihr Blut wurde in kostbaren Schalen aufgefangen und als Opfergabe am Altar ausgegossen. Später am Abend wurden dann in der Gemeinschaft der Familie im Haus das gebratene Fleisch, auch ungesäuertes Brot und Bitterkräuter verzehrt. Christus, der Herr, hat das jüdische Gesetz befolgt und mit seinen Jüngern dieses Paschamahl gehalten, wie es etwa im Buch Deuteronomium beschrieben ist (16, 1–8).

Das Paschamahl ist also das Opfermahl des Alten Bundes. Das Alte Testament kennt viele Opfer, die Geschenk an Gott und Stiftung von Gemeinschaft zwischen Gott und Mensch sein sollen; im Opfer des Paschafestes werden sie wie in einem Brennpunkt vereinigt. Es ist das Opfer, in dem der Bund Gottes mit dem Volk Israel immer neu geschlossen und besiegelt wird.

Doch schon die Propheten Israels spürten: Alle äußeren Opfer werden hohl, wenn sie nicht Ausdruck einer inneren Haltung sind. Es finden sich deshalb bei den Propheten harte Worte, die den ganzen Opferbetrieb des Tempels in Frage stellen: „Bundestreue ist mir lieber als Schlachtopfer, Erkenntnis Gottes lieber als Brandopfer" (Hos 6,6). Israel begriff, dass den Opfern des Tempels etwas Unvollkommenes anhaftete, etwas Vorläufiges und damit auch etwas Tragisches. Hier wurde eine Sehnsucht laut, die vom äußeren zum inneren Opfer, vom steinernen zum lebendigen Tempel, vom Ersatz-Kult zur wahren Anbetung rief. Das Neue Testament sagt: Diese Sehnsucht wurde durch Gott selbst in der Ankunft Jesu Christi erfüllt.

---

[34] Zur Entstehung dieses Festes aus der Sicht der heutigen alttestamentlichen Exegese vgl. J. Schreiner, Theologie des Alten Testaments = NEB Ergänzungsband 1 (Würzburg 1995) 282–287.

Das Paschamahl und das Letzte Abendmahl

Was sich mit Jesus Christus verändert, erkennen wir, wenn wir auf sein letztes Paschafest schauen. Wenn man die Berichte über das Letzte Abendmahl in den Evangelien und in den Briefen des hl. Paulus aufschlägt, dann stellt man fest, dass diese Berichte nur sehr wenige Angaben über die eigentliche Feier des Paschamahls machen. Der Grund dafür liegt darin, dass bei dieser Paschafeier, die wir das Letzte Abendmahl nennen, etwas ganz Neues und Anderes geschehen ist:

„Und er (Christus) nahm das Brot, sprach das Dankgebet, brach es und gab es ihnen mit den Worten: Dies ist mein Leib, der für euch hingegeben wird. Tut dies zu meinem Gedächtnis. Ebenso nahm er den Becher nach dem Mahle und sprach: Dieser Becher ist der Neue Bund in meinem Blute, das für euch vergossen wird" (Lk 22,7–23; cf.: Mt 26, 17–30; Mk 14,12–36; 1 Kor 11,17–34).

Der Alte Bund wurde geschlossen und besiegelt durch das Pascha-Opfer. In der Feier des Letzten Abendmahls besiegelt Christus den Neuen und ewigen Bund: Jesus Christus selbst ist das makellose Lamm, das geopfert wird und dessen Blut vergossen wird zum Heil der Menschen. Das Pascha wird sein Pascha. Nicht mehr ein Ding, ein Tier oder sonst irgendein Ersatz wird dargebracht, sondern das fleischgewordene Wort. Mein Leib und mein Blut – *für euch*! Wie durch das Pascha-Opfer des Alten Bundes das Volk Israel aus der Knechtschaft Ägyptens befreit wurde, befreit Christus uns durch sein Opfer am Kreuz von der Knechtschaft des Todes und schenkt uns die Erlösung.

Der Hebräerbrief wird darum sagen können: Jesus Christus ist der einzige Hohepriester des Neuen Bundes. Er ist Priester und Opferlamm zugleich. An die Stelle des Pascha-Opfers und aller anderen Opfer des Alten Bundes setzt Christus seine Erlösungstat, die in der Lebenshingabe am Kreuz gipfelt. Das Opfer Christi, so haben wir es im ersten Teil dieses Buches gesagt, ist Opfer des Lobes. Jetzt erst findet das Opfer Israels und der ganzen Menschheit zu seinem Sinn: „Die Stellvertretung Jesu nimmt uns auf und führt uns in jene Verähnlichung mit Gott, in jenes Liebe -Werden hinein, das die einzig wahre Anbetung ist."[35] Alle äußeren Opfer vollenden sich im Opfer der unsichtbaren Lebenshingabe des Sohnes Jesus Christus an Gott, den Vater, die am Kreuz endgültig und sichtbar wird vor aller Welt. Das neue Pascha ist der Hinübergang Jesu zu seinem Vater durch seinen Tod und seine Auferstehung. Diesen Übergang sollen alle mitvollziehen, die zu ihm gehören.

Die Menschwerdung Christi, sein verborgenes Leben als Sohn des Zimmermanns, seine Wunder und Machttaten, seine Lehre – sein ganzes Leben und Wirken läuft auf dieses Ziel hinaus: alle Menschen aller Zeiten durch seinen Tod am Kreuz und durch seine Auferstehung zu erlösen. Der Zugang zum Himmel und zum Leben mit Gott, der durch die Ursünde der ersten Menschen verschlossen war, wurde durch den Tod und die Auferstehung Christi wieder geöffnet. „Der zerrissene Vorhang des Tempels ist der zerrissene Vorhang zwischen dem Antlitz Gottes und dieser Welt: Im durchbohrten Herzen des Gekreuzigten ist Gottes Herz selbst offen; sehen wir, wer Gott ist und wie er ist."[36]

In der Feier des Letzten Abendmahls nimmt Christus also auf unsichtbare, unblutige Weise das vorweg, was er danach am Karfreitag in seinem Sterben tut. Durch die Feier

---

[35] J. Ratzinger, Der Geist der Liturgie. Eine Einführung (Freiburg-Basel-Wien 2000) 40. Vgl. zu unserem Thema das ganze dortige Kap. 3: „Vom Alten zum Neuen Testament" (30-43).
[36] Ebd. 40.

des Abendmahls zeigt er seinen Jüngern, was er mit seinem Tod am Kreuz will und schafft: Er gibt seinen Leib und sein Blut für sie hin. So ist das Letzte Abendmahl die Vorwegnahme des Kreuzesopfers auf unblutige, geheimnisvolle Weise.

Zugleich gibt Christus seinen Aposteln einen Auftrag: „Tut dies zu meinem Gedächtnis!" Die Hingabe Christi unter den Gestalten der Speise sollte kein einmaliges Ereignis sein. Während das Kreuzesopfer nur einmal dargebracht wird, soll sein Gedächtnis wiederholt werden. Die Apostel erhalten die Vollmacht und den Auftrag dazu. Diese Vollmacht haben sie durch die Weihe von Nachfolgern weitergegeben. Alle Bischöfe und Priester stehen so in der Nachfolge der Apostel, wenn sie die heilige Messe feiern.

Die heilige Messe – Feier des Opfers Christi

Mit diesen Aussagen über den Zusammenhang zwischen der Paschafeier Israels und der hl. Messe, wie sie aus dem Gründonnerstags-Pascha Jesu erwächst, sind wir dem Wesen der Eucharistie schon sehr nahe. In beiden Fällen geht es um „Vergegenwärtigung" eines Ereignisses, das eigentlich Vergangenheit ist. „Ein Gedächtnis an seine Wunder hat der Herr gestiftet" – diesen Vers aus Ps 111 hat das Konzil von Trient darum auf die hl. Eucharistie übertragen (DH 1638). „Gedächtnis" des Kreuzes ist die Messe in dem Sinne, wie die Hl. Schrift selbst dieses Wort versteht: als Verkündigung der Taten Gottes, in der diese Ereignisse in ihrer Wirkung für uns von neuem Realität werden. Als Gedächtnis des Kreuzesopfers, als „Opfer der Teilnahme" an ihm, ist die hl. Messe selbst wahres Opfer, wie die Kirche zu allen Zeiten gegen die Angriffe Andersgläubiger festgehalten hat, nicht zuletzt auf dem Konzil von Trient gegen die Lehre der Reformation (vgl. DH 1751ff.).

Die katholische Position heißt: Die Messe ist kein bloßes
menschliches Andenken, keine bloße Erinnerung an das Opfer Christi am Kreuz. Genauso wenig aber handelt es sich um
eine Wiederholung des Kreuzesopfers. Erlebnisse sind bloß
subjektiv und Wiederholungen letztlich langweilig und überflüssig. Leben dagegen ist Gegenwart, erfahrbare Präsenz,
berührende Nähe. Weil das, was am Kreuz geschehen ist,
auch für uns *Leben* sein soll, lässt Gott selbst es immer
wieder *Gegenwart* werden, wenn die Kirche tut, was
Christus ihr aufgetragen hat. So wie Er immer wieder neu
in unsere Mitte kommt, so müssen wir immer wieder neu
staunen über das Wunder, das Gott in der Messe wirkt.
„Wenn du die Messe feierst oder hörst, muss es so groß,
neu und freudig erscheinen, als stiege Christus an eben
diesem Tage hernieder, um im Schoße der Jungfrau
Mensch zu werden, oder als hinge er zum ersten Mal am
Kreuz, um für das Heil der Menschen zu leiden und zu
sterben"[37], sagt Thomas von Kempen in seinem berühmten Betrachtungsbuch.

Wir können festhalten: Das Kreuzesopfer des Herrn und
das Opfer der Messe fallen im Wesentlichen zusammen.
Verschieden sind beide nur hinsichtlich der Weise, wie
das Opfer dargebracht wird. Am Karfreitag wurde Christus durch sein freiwilliges Sterben in blutiger Weise geopfert, in der heiligen Messe wird dieses Opfer auf geheimnisvolle, unblutige Weise präsent. Durch die gesonderte
Verwandlung von Brot und Wein wird der Tod Jesu, sein
Kreuzesopfer, symbolisiert. Wenn Leib und Blut Jesu
Christi nach der Wandlung unter getrennten Zeichen auf
dem Altar stehen, dann führen sie uns unmittelbar auf den
Berg Golgota, wo Christus sein Blut vergießt für das Heil
der Vielen. Es ist, als ob sich der Vorhang der Geschichte

---

[37] Thomas a Kempis, Nachfolge Christi, IV, 2, n. 28.

und Zeit öffnet und auf dem Altar das Opfer Christi am Kreuz vor uns steht[38]. Wenn wir heute hl. Messe feiern, können wir uns wie Maria und Johannes unter das Kreuz des Herrn begeben. Wenn wir einen Vergleich suchen, können wir an einen Künstler denken, der ein einziges Mal die Form für eine Skulptur schafft; sie ermöglicht es, dass seine Idee – mit unterschiedlichem Material, zu späterer Zeit, an anderen Orten – immer wieder originalgetreu Wirklichkeit werden kann[39]. Noch enger ist die Verbindung von „Original" und „Bild" in der hl. Messe: Das Opfer Christi wird durch sie gleichsam verlängert in Raum und Zeit hinein, damit wir Späteren gegenüber den Früheren keinen Nachteil haben. Gott kann das tun, denn seine Kraft ist nicht durch die Dimensionen dieser Welt begrenzt.

Deshalb betet die Kirche im Gabengebet der Abendmahlsmesse am Gründonnerstag: „Herr, gib, dass wir das Geheimnis des Altares ehrfürchtig feiern; denn sooft wir die Gedächtnisfeier dieses Opfers begehen, vollzieht sich an uns das Werk der Erlösung." Immer wieder, immer neu wird das Gestern zum Heute. Das Mysterium wird Gegenwart in seiner nie versiegenden Heilskraft. Das Opfer Christi am Kreuz, sein Leben und Wirken, sein Leiden und Sterben und seine Auferstehung von den Toten entfaltet auch in unserer Mitte seine erlösende Wirkung (vgl. KKK 1364).

Wie diese Wirksamkeit grenzenlos groß ist, so auch die Wirksamkeit der hl. Messe. In der Eucharistie erhält die Kirche Anteil am unendlichen Wert der Opfergabe, an der

---

[38] In der christlichen Kunst des Mittelalters ist diese Wahrheit ganz plastisch in den berühmten Bildern zur sog. „Gregorsmesse" ausgedrückt worden: Dem hl. Papst Gregor dem Großen erscheint bei der Messfeier Christus als Schmerzensmann mit den Insignien der Passion.
[39] Vgl. ähnlich Fulton J. Sheen, Kalvarienberg und Messopfer (Aschaffenburg 1956) 57.

Vollkommenheit der Opferhaltung und an der erhabenen Würde des Opferpriesters, die das Kreuzesopfer prägen. Jede gute Bitte dürfen wir darum vertrauensvoll mit der Feier der hl. Messe verbinden. In der Kraft des Kreuzes vermag das Messopfer uns Gnade zu erwirken, Sühne zu erflehen und alle Güter zu erbitten, die uns zum Heil dienen.

Christus handelt durch den Priester

Mit den Worten „Tut dies zu meinem Gedächtnis" hat Christus seinen Aposteln den Auftrag und die Vollmacht gegeben, sein Opfer in der heiligen Messe zu feiern. Durch das Sakrament der Weihe haben auch die Nachfolger der Apostel, die Bischöfe und Priester, diese Vollmacht erhalten. Sie macht das Wesen des besonderen Priestertums der Kirche aus.

Beim Letzten Abendmahl war Christus derjenige, der handelt. Das bleibt auch so, wenn wir die heilige Messe feiern: Wenn der Priester die Wandlungsworte spricht, dann handelt Christus durch ihn. Man sagt, der Priester handelt „in persona Christi" – „in der Person Christi". Christus ist selbst derjenige, der (durch den Priester als sein Werkzeug) das Entscheidende tut. Darum ist die Messe in ihrer Gültigkeit nicht von der Würdigkeit oder sittlichen Einstellung des Zelebranten abhängig: Das Sakrament kommt „ex opere operato" zustande, aus seinem eigenen Vollzug heraus, nicht aus dem subjektiven Tun des Zelebranten.

Christus handelt aber nicht nur durch den Priester – er ist ja gleichzeitig auch das makellose Lamm, das am Kreuz geopfert wird. Daher werden die Gaben der Opferfeier – Brot und Wein – durch die Wandlungsworte, die der Priester „in persona Christi" spricht, in den Leib und das Blut Christi gewandelt. Deshalb kann man sagen, dass Christus

74

bei der Feier der heiligen Messe Priester und Opfergabe zugleich ist.

Vom Sohn zum Vater

Das Opfer des Neuen Bundes wird von Jesus Christus Gott, dem Vater, dargebracht. Wie ist das zu verstehen? Christus ist als der Sohn von Ewigkeit, als zweite Person der Allerheiligsten Dreifaltigkeit, ganz „vom Vater her auf den Vater hin". Von ihm geht er aus in der Zeugung, zu ihm wendet er sich zurück in der Liebe, die der Heilige Geist ist.

In diese Lebensbewegung des Sohnes werden wir hineingezogen, wenn wir das Opfer Christi feiern. Gott ist Mensch geworden, ist ein Stück Welt geworden, damit die ganze Welt in ihm zu Gott gelangen kann. Genau das wird zeichenhaft ausgedrückt in den Opfergaben der Messe: Brot und Wein, Elemente der Schöpfung, die von Gott ausgegangen war, aber sich von ihm getrennt hatte, werden verwandelt in Fleisch und Blut, in das Menschsein Jesu Christi: in die neue Schöpfung Gottes, die für immer mit ihm verbunden sein wird. Die Bewegung der Menschwerdung vollendet sich in der Bewegung des Opfers.

Schöpfung und Erlösung, Ausgang von Gott und Rückkehr zu Gott sind die großen Eckdaten unseres Glaubens. Sie sind Anfang und Ende eines großen kosmischen Dramas, das im Symbol unter uns vollzogen wird, wenn wir Eucharistie feiern. Am Ende des Hochgebetes sprechen wir darum immer schon diejenigen Worte, in die einmal die Geschichte der ganzen Schöpfung münden soll: Worte der Anbetung und des Lobpreises an den Vater durch den Sohn im Heiligen Geist; Worte des Lobpreises aus dem Mund einer Welt, die durch den Sohn in der Kraft des Heiligen Geistes zum Vater zurückgekehrt ist: „Durch ihn und mit ihm und in ihm ist dir Gott, allmächtiger Vater, in der Einheit des Heiligen Geistes alle Herrlichkeit und Ehre, jetzt und in Ewigkeit."

Es ist so, wie es uns der Katechismus erklärt: „Dieses Lobopfer ist nur durch Christus möglich: Er vereint die Gläubigen mit seiner Person, seinem Lobpreis und seiner Fürbitte, so dass das Lobopfer an den Vater durch Christus und mit ihm dargebracht wird, um in ihm angenommen zu werden." (KKK 1361)

Opfer Christi und seiner Kirche

Dass die Messe Opfer Christi ist, werden die meisten Christen verstehen. Doch oft fangen die Schwierigkeiten dort an, wo von der Messe auch als „Opfer der Kirche" gesprochen wird. „So bringen *wir* dir seinen Leib und sein Blut dar", betet die Kirche in einem der neueren Hochgebete (Hochgebet IV). Setzt sie sich damit nicht doch unerlaubterweise an die Stelle Christi? Versucht sie zu wiederholen, was er ein – für alle Mal getan hat?

Um diese Einwände zu entkräften, müssen wir uns klar machen, in welchem Verhältnis Christus und die Kirche zueinander stehen. Der heilige Paulus beschreibt die Kirche als einen geheimnisvollen Leib: Christus ist das Haupt, die Christen sind die Glieder. Man kann die Kirche deshalb als „geheimnisvollen Leib Christi" („corpus Christi mysticum") bezeichnen. Weil zwischen Christus und der Kirche eine derart enge Gemeinschaft besteht, ist das Opfer Christi auch das Opfer der Kirche. Die Glieder des Leibes nehmen an dem Opfer ihres Hauptes teil. Es ist „der eine Christus", der hier handelt.

Die Kirche, die Christi Leib ist, hat bis jetzt ihre letzte Vollendung noch nicht erreicht. Diese Aussage muss man fein unterscheiden, damit sie nicht falsch verstanden wird:

Als ganze, sofern sie zu Christus gehört, ist die Kirche schon jetzt heilig, vollkommen und erlöst. Ihre einzelnen Glieder aber, sofern sie sich diese Erlösung noch persönlich aneignen müssen, sofern sie noch nicht völlig die Sünde überwunden haben und in das Leben der Gnade eingetreten sind, sind noch nicht am Ziel. Die Heiligkeit der Kirche deckt sich nicht mit der persönlichen Heiligkeit ihrer Glieder. Nur in Maria, dem Urbild der Kirche, ist dies ganz der Fall gewesen. Ansonsten gilt leider: „Alle übrigen Menschen bringen Unvollkommenheiten, Fehler oder gar schwere Sünden mit. Die Kirche nimmt sie auf, trägt und sühnt ihre Sünden, wie es auch Christus getan hat, wird aber selber, ebenso wenig wie er, von den Sünden nicht befleckt."[40] So wirkt die Kirche immer wieder, indem sie das Opfer Christi feiert als Sühne für die Sünden und als Bitte, dass alle ihre Glieder immer mehr „werden mögen", was sie durch die Taufe eigentlich „schon sind". „Deshalb wird das, was vom Leiden Christi in der Welt bewirkt worden ist, durch dieses Sakrament im Menschen bewirkt", formuliert der hl. Thomas von Aquin[41]. Weil es diese Kluft zwischen dem „schon" der Erlösung und dem „noch nicht" der persönlichen Aneignung der Erlösung im Leben des Einzelnen gibt, muss das Opfer Christi lebendig bleiben als Opfer der Kirche. So (und nur so) gibt es eine Vollendung des Opfers Christi, des Hauptes, im Opfer der Kirche, seines Leibes, durch alle Zeiten der Geschichte: Erst wenn am Ende der Tage alle Erwählten angekommen sind im Haus des Vaters, wenn sie die ewigen Güter als Frucht des Kreuzesopfers erlangt haben, ist dieses Opfer in seiner ganzen Fülle vollbracht.

Darin liegt eine tiefe spirituelle Bedeutung des hl. Messopfers für unser alltägliches Leben. Sooft wir Messe feiern, treten wir ein in den lebenslangen Prozess unseres

---

[40] B. Poschmann, Die Lehre von der Kirche (Siegburg 2000) 219.
[41] Summa theologiae, III, 79, 1.

„Hineinverwandeltwerdens in Christus". In der Messfeier werden unser ganzes Leben, unsere Freude und unsere Sorgen, unsere Arbeit und unser Gebet, auch unsere Schwäche und unser Versagen in das Opfer des Herrn hineingezogen.

Doch nicht nur wir Lebenden, nicht nur die ganze jetzt für uns sichtbare Kirche mit ihren Hirten (Papst und Bischöfe) sind bei der Feier des hl. Opfers eingeschlossen, sondern auch ihre unsichtbaren Glieder. Weil die Heiligen im Himmel und die Armen Seelen im Fegefeuer ebenfalls zur Kirche gehören, sind auch sie mit dem Messopfer vereint. Die Kirche bringt es dar in der Gemeinschaft der Heiligen, an deren Spitze die selige Jungfrau Maria steht. Und im Opfer der Messe erwirkt sie auch für die in Christus gestorbenen Gläubigen, die noch der endgültigen Läuterung bedürfen (Arme Seelen), Nachlass der Sündenstrafen.
Die hl. Messe ist darum die große Feier der Gemeinschaft der Heiligen, Ausdruck jener grenzenlosen christlichen Solidarität, die auch durch den Tod nicht zerstört werden kann.

2.

Die Eucharistie als Sakrament

Bisher haben wir festgestellt: Die heilige Messe ist ihrem Wesen nach ein Opfer, sofern sie Gedächtnisfeier des Kreuzesopfers ist. Sofern sie aber zugleich Speise für das Heil unserer Seele ist, ist sie Sakrament. Wir sprechen vom „Sakrament der Eucharistie (griech.: *Danksagung*) oder vom „Sakrament des Altares". Opfer und Sakrament aber sind nicht etwas total voneinander Verschiedenes. Vielmehr sind es zwei begrifflich unterscheidbare Aspekte ein- und derselben Wirklichkeit. Während das Opfer mehr die „aufsteigende" Bewegung in der Kommunikation zwischen Mensch und Gott meint, von der wir im ersten Teil dieses Buches hinsichtlich der Liturgie als ganzer gesprochen haben (Anbetung, Hingabe des Menschen an Gott), bezeichnet der Begriff Sakrament eher die „absteigende" Bewegung: Geschenk des Heils von Gott an den Menschen.

Materie und Form

Sakramente sind heilige und heiligende Zeichen: sichtbare Vollzüge mit einer unsichtbaren Gnadenwirkung. Im menschlichen Zeichen handelt Gott selbst.

Christus selbst wird zuweilen das „Ursakrament" Gottes in der Welt genannt: Als sichtbarer Mensch wirkt er zugleich in der Kraft Gottes. Die Kirche, so sagten wir schon früher, setzt dieses sakramentale Wirken Christi fort. Sie ist sichtbares Zeichen in der Welt für Gottes unsichtbares Heil. Sie vollzieht ihr sakramentales Wesen vor allem, indem sie die konkreten sieben Sakramente des Neuen Bundes ausspendet, die Christus ihr hinterlassen hat: Taufe, Firmung und Eucharistie (Sakramente der Einführung in den christlichen Glauben), Buße und Krankensalbung (Sakramente der Heilung), Ehe und Priesterweihe (Standessakramente des Dienstes für die Gemeinschaft). Die Sakramente bewirken das, was sie bezeichnen. So setzen sie das Heilshandeln Christi für den Menschen fort und begleiten alle Stufen seines Lebensweges. Sie heiligen den Einzelnen und bauen dadurch den Leib Christi als ganzen von innen her auf.

Wie jedes dieser sieben Sakramente hat auch die Eucharistie eine „Außenseite". Sie wird vollzogen mit einer „Materie", mit den Elementen von Wein und Brot. Echtes Weizenbrot und natürlicher Rebenwein muss es sein, wie beim Abendmahl des Herrn. Brot und Wein haben in der

Bibel bereits eine reiche natürliche und auch religiöse Symbolik: Brot ist lebensnotwendiges Grundnahrungsmittel, Zeichen für Sammlung und Einheit (Körner in einem Laib), Geschenk Gottes (Manna in der Wüste), Frucht des verheißenen Landes. Wein ist Symbol der Festfreude, aber auch Zeichen der messianischen Erwartung. An diese Symbolik knüpft der Herr an, wenn er Brot und Wein zur Materie seines wichtigsten Sakramentes erwählt.

Was mit diesen Gaben geschieht, drückt sich aus im deutenden Wort, der so genannten „Form" des Sakramentes: Das sind die Einsetzungsworte Christi, die er beim Letzten Abendmahl gesprochen hat. Damals hat er das Opfer des Neuen und Ewigen Bundes gestiftet und zugleich das Sakrament der Eucharistie eingesetzt. Beides ist in der Feier der hl. Messe enthalten, wenn der Priester die Worte Christi als Wandlungsworte über Brot und Wein ausspricht, damit sie Leib und Blut Jesu werden, die wir in der Kommunion empfangen dürfen.

Die Wirkungen dieses Sakraments

Wenn wir uns nach der Wirkung fragen, die das Sakrament der Eucharistie dem vermittelt, der es empfängt, so empfiehlt es sich, auf diejenigen Stellen der Hl. Schrift zurückzuschauen, in denen Christus selbst dieses Sakrament angekündigt hat.

Er tat dies durch Wunder und Machttaten sowie durch seine Lehre. So deuten etwa die Wunder der Brotvermehrung hin auf das „wahre Brot, das vom Himmel kommt". Mit Worten weist Christus vor allem in der Synagoge von Kafarnaum auf das Sakrament der Eucharistie voraus: „Ich bin das Brot des Lebens " (Joh 6,35). – „Ich bin das lebendige Brot, das vom Himmel herabgekommen ist. Wer von diesem Brot isst, wird in Ewigkeit leben. Das Brot, das ich geben werde, ist mein Fleisch. Ich gebe es hin für das Leben der Welt" (Joh 6, 51). – „Wenn ihr das Fleisch des Menschensohnes nicht esst und sein Blut nicht trinkt, habt ihr das Leben nicht in euch. Wer mein Fleisch isst und mein Blut trinkt, hat das ewige Leben und ich werde ihn auferwecken am Letzten Tag. Denn mein Fleisch ist wirklich eine Speise und mein Blut ist wirklich ein Trank. Wer mein Fleisch isst und mein Blut trinkt, der bleibt in mir und ich bleibe in ihm" (Joh 6,53–56).

In diesen Sätzen wird unübertrefflich ausgedrückt, was durch das Sakrament der Eucharistie an uns geschieht. Seine wichtigste Wirkung ist die innige Verbindung zwischen Christus und dem Menschen, der in der Gemeinschaft der Kirche das Sakrament empfängt: „er in mir und ich in ihm". Genauso prägnant formuliert es der hl. Paulus: „Ein Brot – also auch ein Leib" (1 Kor 10,17). Und der hl. Augustinus ruft im gleichen Sinne den Christen zu: „Werdet, was ihr empfangt: Leib Christi!"

Damit aber wird nicht nur der einzelne Gläubige eins mit Christus, wenn er zur Kommunion geht, sondern in Christus werden die Glieder der Kirche auch eins untereinander. Die Eucharistie, so haben es vor allem die Theologen der frühen Kirche (Kirchenväter) immer wieder ausgedrückt, ist das „Sakrament der Einheit der Kirche". Auch der hl. Thomas sagt: „Die Einheit des mystischen Leibes Christi", also der Kirche, „ist die Frucht des Empfangs des wahren Leibes", also der Eucharistie[42]. Die Kirche „wird mit der Eucharistie geboren", wie Papst Johannes Paul II. es einmal ausgedrückt hat, und deshalb ist die Eucharistie immer neu Lebensquelle der Kirche, Ort ihrer ständigen Wiedergeburt aus dem Ursprung Christus. Die Messe ist Sammlung, sie gliedert Menschen in den geheimnisvollen Leib des Herrn

---

[42] Vgl. S. th. III, 82, 9 ad 2.

ein und baut damit von innen her die Kirche auf. Wie das auf den Feldern zerstreute Korn zu einem Brot geworden ist, so sollen die Christen eins werden durch den Empfang der heiligen Speise. Im Blut des Herrn werden wir zu Blutsverwandten Christi und gehören damit auch untereinander zur großen Familie Gottes. Hier erfüllt der Herr immer wieder selbst den Wunsch, den er gegenüber seinen Jüngern vor seinem Fortgang ausgesprochen hat: „Alle sollen eins sein: Wie du, Vater, in mir bist und ich in dir, sollen auch sie in uns sein" (Joh 17,21). Eucharistische Gemeinschaft ist immer Gemeinschaft mit Gott und den Schwestern und Brüdern zugleich.

Aus dieser Verbindung mit Christus wird das Gnadenleben des einzelnen Christen stets neu genährt und gestärkt. Wer das eucharistische Brot isst, „hat das Leben in sich", sagt der Herr in der oben zitierten Stelle.

Man kann einen naheliegenden Vergleich heranziehen: Nachdem ein Mensch geboren ist, braucht er weiterhin Nahrung, damit sein Leben gestärkt wird und nicht verfällt. Ebenso braucht der Christ, der durch die Taufe zum übernatürlichen Leben mit Gott geboren ist, die „geistliche Speise" der Eucharistie, damit dieses Leben erhalten wird und sich entfalten kann. Was das tägliche Brot für das Leben unseres Leibes tut, das bewirkt das Brot vom Himmel für das Gnadenleben unserer Seele: Stärkung, Wiederherstellung, Freude.

Heutzutage wird häufig auch davon gesprochen, dass der Empfang der Eucharistie sündenvergebende Wirkung hat. Dies ist richtig, allerdings nur für lässliche Sünden. Wer eine schwere Schuld begangen hat, bedarf einer anderen Medizin, bevor ihn die heilige Speise wieder nähren kann: nämlich die sakramentale Beichte. Wo das vergessen wird, droht die Kommunion zum Verrat am Herrn zu werden. Allerdings kann uns das Sakrament des Altares durch einen regelmäßigen würdigen Empfang helfen, dass wir gar nicht erst in schwere Schuld verfallen.

Schließlich weist uns der zitierte Text aus dem Johannesevangelium auf eine letzte wichtige Wirkung hin, die das Sakrament der Eucharistie entfaltet: „... ich werde ihn auferwecken am Letzten Tag." Wer die Eucharistie empfängt, erhält von Christus ein Versprechen: Du gehst deiner ewigen Vollendung entgegen! Der eucharistische Christus, der bei uns einkehrt, ist nicht nur der, der gelitten hat und am Kreuz gestorben ist. Er ist auch der Sieger des Ostertags, der verklärte Herr. Im hl. Sakrament kommt Christus zu uns auch in der Kraft seiner Auferstehung, die den Tod besiegt. Das ewige Leben des Herrn dringt in unser sterbliches Leben ein und zirkuliert schon jetzt in ihm. Der eucharistische Herr ist der Gott unserer Zukunft. Indem wir durch die Kommunion mit Christus immer enger verbunden werden, stehen wir schon jetzt „mit einem Fuß in der Ewigkeit", in die uns Christus vorangegangen ist. Wenn wir einmal den letzten Schritt über die Schwelle des Todes gehen müssen, soll uns das hl. Sakrament als „Wegzehrung" begleiten.

Bereits in Kafarnaum haben viele Jünger an den Worten Christi, mit denen er die Wirkungen der Eucharistie beschrieb, Anstoß genommen: „Was er sagt, ist unerträglich. Wer kann das anhören?" (Joh 6,60). Dieses große Sakrament unseres Glaubens ist zu allen Zeiten für viele Menschen ein Skandal, ein Ärgernis, etwas Unerhörtes und Unglaubliches gewesen. Mit unserem Verstand ergreifen wir es nicht. Nur im Glauben können wir erfassen, was Gott darin für uns tut. „Wollt auch ihr weggehen?" (Joh 6,67). Diese Frage Jesu an seine Apostel ist gleichermaßen die Frage, die an jeden von uns gestellt wird, vor allem wenn es um ein letztes Geheimnis des Glaubens geht, das wir nun noch im Blick auf die Eucharistie betrachten müssen: das Geheimnis der wahren Gegenwart Christi unter den verwandelten Gestalten.

3.

Die wirkliche Gegenwart Christi und die Verwandlung von Brot und Wein

Wenn der Priester das Hochgebet betet und die Wandlungsworte spricht, dann, so sagten wir, handelt Christus selbst: In diesem Augenblick werden die Gaben von Brot und Wein in den Leib und das Blut Christi verwandelt. „Das ist mein Leib!" – „Das ist mein Blut!" – diese Worte Christi kann man nur so interpretieren, wie er selbst sie auch gesagt hat. „Wenn die Mahnung, welche der Herr einmal gegeben hat: *eure Rede sei ja für ja und nein für nein* (Mt 5,37) jemals dringlich war, dann hier. Es ist nicht nur falsch, sondern frevelhaft, an diesen Worten zu deuteln."[43] Wein und Brot sind darum nicht nur ein Zeichen, nicht nur ein Symbol, eine Erinnerung an ihn; die verwandelten Gaben sind wirklich sein Leib und sein Blut.

So wie das Opfer Christi in der Messe für unsere Augen und Ohren nicht sichtbar, sondern auf eine geistige, geheimnisvolle Weise gegenwärtig wird, wird auch Christus selbst auf eine unsichtbare Weise unter den Gestalten von Brot und Wein gegenwärtig – eben sakramental. Dies ist ein tiefes Geheimnis. Wir können es nur glauben, weil Christus selbst uns versichert, dass es wahr ist. Letztlich werden wir nie mit unserem Verstand begreifen können, was in der Wandlung passiert. Es entzieht sich den Untersuchungsmethoden der Naturwissenschaftler und den Kategorien der Philosophen. Man kann immer nur versuchen, sich ein kleines Stück weit seiner Wahrheit zu nähern.

---

[43] R. Guardini, Besinnung vor der Feier der heiligen Messe. 2. Teil: Die Messe als Ganzes (Mainz o. J.) 39f.

Der Glaube sagt uns also: Was vorher Brot und Wein war, das ist nach der Wandlung Leib und Blut Christi. Jesus Christus ist unter den Gestalten von Brot und Wein wahrhaft, wirklich und wesenhaft gegenwärtig: in seiner Gottheit und in seiner Menschheit, mit Seele und Leib; unter beiden Gestalten der ganze Christus.

In der Messe wird das weihnachtliche Geheimnis eines Gottes fortgesetzt, der sich in demütiger Knechtsgestalt verbirgt. Genauso aber wird das österliche Geheimnis seines verklärten Leibes erneuert, der durch keine Grenzen von Raum und Zeit mehr gebunden ist und der sich sakramental unendlich oft verschenken kann, ohne dadurch Schaden zu erleiden. So singt ein altes Sakramentslied: „Wer zu diesem Gastmahl eilet, nimmt ihn ganz und unzerteilet, ungebrochen, unversehrt. Einer kommt und tausend kommen, keiner hat doch mehr genommen: Christus bleibet unverzehrt."[44]

Die wirkliche Gegenwart Christi im eucharistischen Sakrament nennt man „Realpräsenz". Durch sie ist die Eucharistie das größte aller Sakramente.

Die wirkliche Gegenwart bleibt eine verborgene. Christus ist verborgen unter den Gestalten von Brot und Wein. Diese Gestalten bleiben auf wunderbare Weise erhalten, während sich das Wesen verändert hat. Was also nach der Wandlung noch so aussieht wie Brot und Wein, was sich anfühlt, was schmeckt wie Brot und Wein, das ist es doch in Wirklichkeit nicht mehr. Die tiefste seinshafte Wirklichkeit, die Substanz von Brot und Wein, die normalerweise die Gestalten trägt und ihnen zugrunde liegt, ist nicht mehr vorhanden. Sie wurde verwandelt, ist in etwas anderes übergegangen: An ihre Stelle sind Leib und Blut Christi getreten. Nur noch der äußere Anschein des Früheren bleibt, das, was unseren Sinnen zugänglich ist. Die-

---

[44] Aus: „Deinem Heiland, deinem Lehrer", 6. Strophe (GL, Kölner Diözesananhang 930, 6).

se „Wesensverwandlung" heißt in der theologischen Fachsprache „Transsubstantiation". Sie unterscheidet bis heute den Glauben der katholischen Christen von allen Bekenntnissen der Reformation.

Gerade in den letzten Jahrzehnten hat es – auch von Seiten katholischer Theologen – Versuche gegeben, den klaren Begriff der Wesensverwandlung aufzugeben, um ihn durch andere, scheinbar heute verständlichere Ausdrücke zu ersetzen: Nicht das Wesen, so hat man gesagt, sondern nur Sinn und Bedeutung von Brot und Wein für die Empfangenden werden „gewandelt"; Christus ist in der Eucharistie nur „geistig" gegenwärtig wie auch sonst in seiner Kirche. Papst Paul VI. ist diesen Versuchen in seiner bedeutsamen Enzyklika „Mysterium fidei" schon 1965 mit Nachdruck entgegengetreten und hat betont, dass es nicht erlaubt sei, „die von der Kirche einmal definierte Lehre dem Vergessen anheim zu geben oder sie so auszulegen, dass die ursprüngliche Bedeutung der Worte bzw. der bewährte Gehalt der Begriffe verblasst"[45].

Nicht bloß ein neues Zeichen wird also in der Eucharistie gesetzt, sondern eine neue Wirklichkeit. Darum ist aber auch ein neuer Umgang mit der gewandelten Realität gefordert. Der Priester und die Gläubigen behandeln die verwandelten Gaben in der hl. Messe mit der größten Ehrfurcht und geben Acht, dass nicht das kleinste Teilchen der Hostie zu Boden fällt. Denn sie wissen: Hier ist Christus wirklich gegenwärtig. Seine Gegenwart dauert so lange an, wie die Gestalten von Brot und Wein existieren.

Alle Vergleiche, die man für die Wandlung gesucht hat, bleiben weit hinter dem Geheimnis zurück. So hat man beispielsweise gesagt: In gewisser Weise ist es mit der verwandelten Hostie wie mit einer hohen Münze, die ein Kö-

---

[45] DH 4410.

nig prägen ließ. Im Augenblick der Prägung wurde sie aus einem wertlosen Stück Metall zu einem wertvollen Schatz. Sie ist als solche nicht Selbstzweck, sondern soll dem Menschen nutzen, der sie empfängt. Sie hat ihren objektiven Wert, egal, ob einer, der sie erhält, darum weiß oder nicht. Allein der König ist es, der durch sein Wort den Wert der Münze garantiert. Sie trägt sein Bild, erinnert an seine Person.

So schön dieser Vergleich ist: Ähnlich wie alle anderen vermag er die Wesensverwandlung der eucharistischen Gaben und die daraus folgende Gegenwart des Herrn nicht wirklich zu erfassen. Wir haben eben kein wirkliches Beispiel dafür zur Hand, dass eine äußere Gestalt unverändert bleibt, während sich das Wesen verwandelt. Das Geheimnis bleibt.

In den katholischen Kirchen wird das Allerheiligste Sakrament des Altares im Tabernakel aufbewahrt. Das rote Licht (das „ewige Licht", das so genannt wird, weil es immer brennt) zeigt den Besuchern des Gotteshauses: Hier befindet sich das Sakrament der Eucharistie, hier ist Jesus Christus wirklich zugegen. Ihm gebührt darum im Sakrament göttliche Anbetung, deren wesentlichster Ausdruck die Beugung des Knies ist. Nur wer diese Anbetung vollzieht, kann sich der Wahrheit des Altarssakramentes nähern. „Ich weiß viele Worte, ihr Menschen", dichtet darum Gertrud von Le Fort zum Fronleichnamstag, „aber heute müsst ihr knien – eure Knie sind eure Flügel."

Aus dieser tiefen Einsicht in das Wesen des Sakramentes haben sich im Verlauf der Kirchengeschichte die vielfältigen Formen eucharistischer Verehrung entwickelt: Aussetzung und Anbetung in der Monstranz, eucharistische Andachten und das Fronleichnamsfest, Prozessionen und der sakramentale Segen. Katholische Christen verehren nicht einen „fernen Gott", der weit weg im Himmel thront. Sie verehren den menschgewordenen Herrn, den Immanuel: Als „Gott mit uns" hat er sein Zelt aufgeschlagen in unserer Mitte, in der kleinsten Dorfkirche wie im gewaltigsten Dom. Seine Liebe sucht die Nähe zu uns. Es liegt an uns, sie zu erwidern.

Die Eucharistie, Zentrum jeder heilige Messe: Sie ist Opfer, sie ist Sakrament, sie ist Geheimnis der realen Gegenwart Christi. All dies ist zusammengefasst in einer wunderbaren Antiphon (einem liturgischen Vers) des hl. Thomas von Aquin:

„O heiliges Gastmahl,
in welchem Christus genossen,
das Andenken seines Leidens erneuert,
das Herz mit Gnaden erfüllt
und uns das Unterpfand zukünftiger Unsterblichkeit
geschenkt wird!"

Kapitel 3

Aufbau und Ablauf der heiligen Messe

Jede hl. Messe ist nach dem folgenden Aufbauplan gegliedert:

* : täglich wechselnde Gebete
\# : nur an Sonn- und Feiertagen

1. Eröffnung

1. 1 Einzug – Gesang zur Eröffnung (Introitus)* – Kreuzzeichen – Begrüßung und Einführung
1. 2 Das Allgemeine Schuldbekenntnis
1. 3 Kyrie-Rufe („Kyrie eleison")
1. 4 Gloria („Ehre sei Gott in der Höhe") #
1. 5 Tagesgebet*

2. Wortgottesdienst

2. 1 Lesung(en)*
2. 2 Antwortgesänge*
2. 3 Evangelium*
2. 4 Predigt (Homilie)*
2. 5 Credo (Glaubensbekenntnis) #
2. 6 Fürbitten (Allgemeines Gebet)*

3. Eucharistiefeier (Opfergottesdienst)

3. 1 Gabenbereitung (Opferbereitung)
3. 2 Eucharistisches Hochgebet (Beispiel: Drittes Hochgebet)

(1) Eröffnungsdialog
(2) Präfation (Lobrede)*
(3) Sanctus („Heilig, heilig, heilig ...")
(4) Postsanctus (Überleitung nach dem Sanctus)

> *(5) Wandlungsepiklese[46]*
> *(6) Konsekration (Wandlung)*
> *(7) Anamnesegebet[47] (Gedächtnis Christi)*
> *(8) Darbringungsgebet*
> *(9) Interzessionen (Fürbitten)*
> *(10) Schlussdoxologie (Lobpreis)*

3. 3 Vaterunser – Embolismus[48] – Doxologie[49]
3. 4 Friedensgebet und Friedensgruß
3. 5 Brechung des Brotes und Agnus Dei (Lamm Gottes)
3. 6 Kommunion und Communio-Gesang*
3. 7 Schlussgebet*

4. Entlassung

Segen, Entlassungsruf, Auszug

Die einzelnen Teile der hl. Messe werden nun jeweils nach folgendem Schema erklärt:

> ① **Kurze Beschreibung des Ritusabschnitts**
>
> 📖 **Historische Anmerkungen**
>
> ● **Erläuternder Kommentar**
>
> ↗ **Praktischer Impuls**

Der Messablauf kann auch im „Gotteslob" mitvollzogen werden: GL 353–366.

---

[46] Epiklese = Herabrufung des Heiligen Geistes
[47] Anamnese = Erinnerung
[48] Embolismus = eingeschobenes Gebet
[49] Doxologie = Lobpreis

Eröffnung

Einzug – Gesang zur Eröffnung (Introitus) – Kreuzzeichen – Begrüßung und Einführung

ⓘ   Während der Zelebrant zu Beginn der heiligen Messe mit den Ministranten in die Kirche einzieht und den Altar durch die Kniebeuge und den Altarkuss – im feierlichen Hochamt auch mit Weihrauch – verehrt, singt die Gemeinde den Gesang zur Eröffnung. Er sollte dem Eröffnungsvers (Introitus) entsprechen, der meist aus den Psalmen genommen ist und im feierlichen Hochamt vom Chor gesungen wird. Von seinem Sitz aus richtet der Priester mit dem Kreuzzeichen das erste Wort an die Gemeinde. Für die anschließende Begrüßung bietet das Messbuch verschiedene Möglichkeiten an. Die Grundform ist der altchristliche Gruß: „Der Herr sei mit euch. – Und mit deinem Geiste." Anschließend kann eine knappe Einführung in die Feier erfolgen.

📖   In altchristlicher Zeit begann die Messe mit der feierlichen Einzugsprozession, zu der eine Schola sozusagen als „Mottolied" den Introitus, damals noch ein ausführlicher Psalm mit Zwischenversen, vortrug. Im Mittelalter entwickelte sich als Beginn der Messe das so genannte Stufengebet, das der Zelebrant leise mit den Messdienern betete. Wer vor der letzten Liturgiereform Ministrant war, kennt vielleicht noch seine kunstvolle Abfolge aus Kreuzzeichen, Versen der Heiligen Schrift, dem Schuldbekenntnis und Gebeten des Priesters.

✒   Der Altar ist in der Liturgie Symbol Christi selbst und wird darum verehrt (Kuss, Weihrauch). Der Kuss ist zugleich Zeichen der Ehrerbietung gegenüber den Heiligen, deren Reliquien im Altarstein geborgen sind.

Weihrauch war ursprünglich ein heidnisches Kultelement, das wegen seiner sinnlichen Intensität und seines hohen Symbolwertes mit der Zeit aber auch von den Christen übernommen wurde: Es ehrt den Empfänger und bezeichnet die Gebetsgeste (Aufsteigen des Rauches) sowie die Opferhaltung (Verzehrtwerden der Körner).

Das Kreuzzeichen, das seit dem 14. Jahrhundert gleichsam das Eingangstor zum heiligen Geschehen bildet, ist das Grundgebet der Christen schlechthin. Es erinnert uns an unsere Taufe, es erinnert an den österlichen Missionsbefehl Jesu, es erinnert an das Geheimnis der Allerheiligsten Dreifaltigkeit. Es ist wie die Überschrift zur Messe, die ja Vergegenwärtigung des Kreuzesopfers Christi ist. So wird das Kreuzzeichen zur Kurzform des Glaubensbekenntnisses, das ja ebenfalls trinitarisch (nach den drei Personen der Allerheiligsten Dreifaltigkeit) aufgebaut ist. Im Kreuzzeichen leuchtet bereits der doppelte Sinn der Liturgie auf: Sie ist der Weg Gottes zum Menschen, der Weg der Erlösung – der Vater nimmt uns als seine Kinder an durch den Sohn im Heiligen Geist. Dadurch wird sie zugleich der Weg des Menschen zu Gott, der Weg der Anbetung – wir loben den Vater durch, mit und in Christus in der Einheit des Heiligen Geistes.

Der nach dem Kreuzzeichen folgende Gruß des Priesters, der auf das Wort des hl. Paulus am Ende des 2. Timotheusbriefes zurückgeht[50], versichert den Feiernden, dass Gott in ihrer Mitte ist. Er ist es in der Gestalt Jesu Christi, des Immanuel, des „Gott mit uns". „Dominus vobiscum", so die lateinische Form, ist deutbar als Bitte und Zusage zugleich: Der Herr *ist* mit seiner Kirche, er *sei* es auch wirklich mit jedem Einzelnen, der nun in der Versammlung der Kirche vor sein Angesicht tritt. „Und mit deinem Geiste", antwortet die Gemeinde und verweist damit auf den „Geist" (= die Amtsgnade), die der Priester in der Weihe erhalten hat.

↗ Es geht nicht an, den liturgischen Eröffnungsgruß, der

---

[50] Vgl. 2 Tim 4,22: „Der Herr sei mit deinem Geist! Die Gnade sei mit euch!"

ein gegenseitiger Segenswunsch ist, durch irgendwelche profanen Begrüßungen zu ersetzen („Ich wünsche Ihnen allen einen schönen guten Morgen" – „Danke gleichfalls"). Hier beginnt kein gemütliches Nachbarschaftstreffen, zu dem der Pfarrer einlädt, sondern die Versammlung des Gottesvolkes, das vom Herrn selbst zusammengerufen wird.

Mit dem Chorgesang droht auch der Introitusvers gänzlich in Vergessenheit zu geraten. Dabei wird durch ihn oftmals in einem Satz der ganze Charakter der jeweiligen Messe bzw. des aktuellen Festgeheimnisses erfasst. Nicht selten ist er Ausdruck der innigen Erlösungshoffnung und damit Aufruf an uns, die Herzen zu Gott zu erheben. Deshalb sollte der Introitusvers auch bei der Wahl eines Liedes als Eröffnungsgesang berücksichtigt werden. Auch das bewusste Mitbeten dieser schönen Texte (Schott-Messbuch!) ist darum sehr zu empfehlen.

Das Allgemeine Schuldbekenntnis

ⓘ Nach der Begrüßung, der sich kurze Einleitungsworte anschließen können, ruft der Zelebrant die Gemeinde zur Besinnung und zum Bekenntnis der Schuld vor Gott auf. Das Messbuch sieht dafür entweder das ausführliche Schuldbekenntnis („Confiteor" = „Ich bekenne"), ein kürzeres Wechselgebet aus Psalmversen („Erbarme dich, Herr, unser Gott, erbarme dich ...") oder eine Kyrie-Litanei (erweiterte „Herr, erbarme dich"-Rufe) vor. Es folgt die Vergebungsbitte des Priesters. Der Bußakt entfällt, wenn sonntags zum Taufgedächtnis Weihwasser gesegnet und ausgesprengt wird.

📖 Die Liturgie der Frühzeit kannte als Bußritus das schweigende Sich-Ausstrecken der Zelebranten vor dem Altar (Prostratio), wie sie sich heute noch in der Karfreitagsliturgie erhalten hat. Im Mittelalter, als die römische Liturgie im germanischen Kulturkreis heimisch wurde, bildete sich das ausführliche Schuldbekenntnis („Confiteor") heraus. Die letzte Reform hat daneben die genannten anderen Weisen des Bußaktes zugelassen.

● Fast jede Religion kennt Reinigungs- und Vergebungsriten vor dem Eintritt ins Heiligtum. Im Alten Testament wird oft berichtet, dass der Mensch in der Begegnung mit Gott schmerzlich seine eigene Sündhaftigkeit erfährt. Die Botschaft Jesu schließlich ist ein einziger Aufruf zu Buße und Umkehr (vgl. Mt 3,2). Vor seiner Majestät fällt Petrus auf die Knie, um seine Sündhaftigkeit einzugestehen (vgl. Lk 5,8). Wer die Messe besucht, identifiziert sich mit ihm und mit dem Zöllner des Evangeliums, der sich im Tempel vor Gott demütig und voll Reue an die Brust schlägt und den Herrn um Vergebung bittet.

Der Text des Confiteor gibt uns wichtige Hinweise über das Wesen der Schuld: Schuld betrifft zunächst das Verhältnis zu Gott, aber auch zu den Brüdern und Schwestern in der Kirche und zu den Heiligen im Himmel: „Bekennt einander eure Sünden, und betet füreinander, damit ihr erhört werdet" (Jak 5, 16); Schuld besteht nicht nur im Tun des Bösen, sondern auch im Unterlassen von Gutem; schuldig werden kann der Mensch in unterschiedlichen Lebensvollzügen („in Gedanken, Worten und Werken").

Die Austeilung von Weihwasser, wie sie früher zu Beginn jedes feierlichen Hochamtes üblich war, ist ebenfalls mit der Bitte um Sündenvergebung verknüpft. Sie steht in Verbindung mit dem sündenvergebenden Sakrament schlechthin, das wir alle empfangen haben: der Taufe „in Wasser und Heiligem Geist", deren Gnade wir bewahren und erneuern sollen.

↗ Der Bußakt der Messe, egal in welcher Form, ersetzt niemals die sakramentale Beichte. Die Vergebungsformel wird hier als Bitte, nicht als feststellender Zuspruch formuliert!

Wohl aber sollten wir versuchen, auch in der Messe konkret zu werden, indem wir etwa still beten: „Herr, ich bitte dich um Verzeihung für das Ereignis X am heutigen Tag / für den Streit Y in der vergangenen Woche / für meine Gewohnheitssünde Z" o.ä. Andernfalls wird der Bußakt leicht zur bloßen Formsache, die nur heruntergeleiert wird.

Oft vergessen wir, dass im Schuldbekenntnis auch ein Moment der Anbetung Gottes enthalten ist. Das lateinische Wort „confiteri" heißt sowohl „bekennen" als auch „preisen": Wer seine Schuld bekennt, der preist Gott als den, der so mächtig ist, sie zu vergeben. Wir loben Gottes Liebe, wenn wir sie vergebend an uns wirken lassen.

Kyrie-Rufe („Kyrie eleison")

ⓘ Sofern nicht der Bußakt in der Form der Kyrie-Litanei gestaltet wurde, erfolgen nun die Wechselrufe des „Kyrie/Christe eleison" bzw. „Herr/Christus, erbarme dich".

📖 Die Kyrie-Rufe reichen zurück bis in die Anfangszeit des christlichen Gottesdienstes, als dieser noch in griechischer Sprache abgehalten wurde. Es ist ein Zeichen der Einheit unseres Gottesdienstes mit der Liturgie der Frühzeit. Ähnliche Rufe gab es schon in der heidnischen Antike, etwa zur Verehrung des göttlichen Herrschers oder des Sonnengottes. Im Neuen Testament gehört das griechische Wort „kyrios" = „(göttlicher) Herr" zu den vornehmsten Titeln Jesu.

🗨 In der Messe ist das „Herr, erbarme dich" an Jesus Christus gerichtet, den die Kirche als das wahre, göttliche Licht der Welt verehrt. Wir können an die Gestalt des thronenden Pantokrators (Allherrschers) denken, die in den Apsiden (Chorräumen) so vieler alter Kirchen dargestellt ist.

Durch die dreimalige Wiederholung (alte Liturgie: 3x3, neue: 3x2 Rufe) haben viele Messerklärungen das Kyrie eleison mit den drei Personen der Allerheiligsten Dreifaltigkeit in Verbindung gebracht.

Anders als die deutsche Übersetzung vermuten lässt, handelt es sich beim Kyrie aber eigentlich nicht um eine Vergebungsbitte, sondern um jubelnden Lobpreis. Auch außerhalb der Messe wurde das „Kyrieleis" in Liedern, Litaneien und sogar als Schlachtruf im Krieg gesungen.

↗ Es ist problematisch, wenn – zumal in Kindermessen – das Kyrie fast nur noch im Rahmen des Bußaktes vorkommt. Stattdessen geht es hier um jubelndes Christuslob! Ein gesungenes Kyrie ist darum oft zu empfehlen.

Gloria („Ehre sei Gott in der Höhe")

ⓘ An Sonn- und Festtagen ist das Gloria („Ehre sei Gott in der Höhe ...") vorgeschrieben, das gemeinsam gesungen oder gebetet wird.

📖 Das Gloria stammt aus dem Hymnenschatz der alten Kirche. Es ist ein Dank- und Festgesang, der ursprünglich zwar nicht für die Messe verfasst wurde, dort aber schon im sechsten Jahrhundert einen festen Platz gefunden hat. Zuerst wurde es nur in der Osternacht gesungen, breitete sich aber später in allen festlicheren Messen aus. Vor der letzten Liturgiereform war das Gloria deutlich häufiger in den Messformularen vorgesehen als jetzt.

➤ Im Gloria lassen sich leicht drei Abschnitte unterteilen: Es beginnt mit dem Gesang der Engel in der Heiligen

Nacht (vgl. Lk 1,12), das wieder einmal das Doppelmotiv „Ehre für Gott – Heil (Friede) für die Menschen" anklingen lässt. An zweiter Stelle steht der Lobpreis Gottes, der kaum genug Worte finden kann, um die Größe des Herrn zu rühmen. Man denkt an die himmlische Schar der Erlösten, die in Ewigkeit anbetend vor ihrem Gott steht. Der dritte Teil des Gloria spricht Christus an: „Der dankerfüllte Aufblick zu Gottes Herrlichkeit drängt hin zu Christus, in dem sie uns offenbar geworden ist" (J.A. Jungmann). „Er allein" ist der Erlöser der Welt! Das Christuslob mündet hier wie überall, wo ein Christ betet, in den Lobpreis der Allerheiligsten Dreifaltigkeit.

↗ Es ist traurig, dass selbst regelmäßige Gottesdienstbesucher das Gloria nicht mehr auswendig kennen. Der Grund dafür liegt darin, dass fast immer ein umschreibendes Gemeindelied an seine Stelle tritt. Leider erleichtert auch der sperrige Text der offiziellen deutschen Übersetzung nicht das Einprägen. Dabei bringt gerade das Gloria so einmalig den Lobcharakter der Liturgie zum Ausdruck, den es heute gegen alle Verzweckung zu verteidigen gilt. Es gibt jeder Messe etwas vom weihnachtlichen Glanz, vom freudigen Jubel über das unfassbare Geschenk der Menschwerdung Gottes, das unser Herz für immer mit Frieden erfüllt.

Tagesgebet

ⓘ Das Tagesgebet beschließt den Eröffnungsteil der Messe. Es ist als Amtsgebet dem Priester vorbehalten, der die Gemeinde zu Sammlung und Mitbeten einlädt: Lasset uns beten. Die folgende Stille kann jeder nutzen, um seine persönlichen Anliegen mit dem Gebet der Kirche zu verbinden und vor den Herrn zu tragen. Dann betet der Priester das Tagesgebet, das in der Regel an Gott, den Vater, gerichtet ist. Die Gemeinde bestätigt das Gebet mit ihrem Amen (hebräisch „So sei es!").

Ⓜ Das Tagesgebet spricht der Priester in der uralten Orantenhaltung, wie sie schon auf Darstellungen der römischen Katakomben zu finden ist, d.h. mit vor der Brust ausgebreiteten Armen. Sie wurde von den Theologen der ersten Jahrhunderte zugleich als Abbildung der Kreuzesform verstanden: Der eigentliche Beter ist Christus, der Erlöser am Kreuz, selbst. Viele Orationen des (lateinischen) Messbuches atmen in Stil und Inhalt noch den Geist der frühen römischen Liturgie.

● Das Tagesgebet wird auch „Kollektengebet" genannt, weil es das vorausgegangene Beten des Volkes „zusammenfasst" (lat. *colligere* = sammeln). Meist folgt es in seiner typisch römischen Knappheit und Präzision einem bestimmten Aufbauschema: Es ist fast immer an den Vater gerichtet. In der Ansprache Gottes wird in dankbarer Erinnerung etwas über sein Wirken ausgesagt („Gott, der du ..."), abhängig vom jeweiligen Festtag. Es schließt sich die Bittformel mit dem eigentlichen Wunsch an, bevor die Oration wiederum in die trinitarische Schlussformel mündet („durch unseren Herrn Jesus Christus ... in der Einheit des Hl. Geistes ...").

↗ Schon die derzeitigen deutschen Übersetzungen der Messbuchorationen verfolgen die zweifelhafte Tendenz, gewisse „unzeitgemäße" Ausdrücke wegzulassen oder stark umzuformulieren. Erst jüngst hat der Vatikan in dem wichtigen Erlass „Liturgiam authenticam" die Normativität der lateinischen Vorlage eingeschärft[51]. Noch weiter wird in

---

[51] Dass manche Liturgen in Deutschland sehr giftig auf dieses Schreiben reagiert haben, beweist, dass man sich angesprochen fühlt; vgl. R. Kaczynski, Angriff auf die Liturgiekonstitution? Anmerkungen zu einer neuen Übersetzer-Instruktion: StZ 126 (2001) 651-668.

allen möglichen Liturgiekreisen und Gottesdienstvorlagen an den Gebetstexten herumgebastelt. Am Ende stehen dann oft nur noch subjektive Einschätzungen oder harmlose Sätzchen, die sich in der Beteuerung erschöpfen, Gott habe uns alle lieb. Dagegen ist festzuhalten: Die Texte der Liturgie sind größer als wir, und wir sollten sie ergründen, anstatt sie zu banalisieren. So gilt vom Gebet der Kirche bei der Messfeier: „Das eine große ewige Ziel ist der Inhalt ihrer Bitte. Von all dem persönlichen Kleinkram, der das Leben erfüllt und das eigene Ich, kennt dieses Gebet nichts."[52] Und so sollte es bleiben.

Wortgottesdienst

Lesung(en)

ⓘ   Im sonntäglichen Gottesdienst folgen zwei biblische Lesungen. Die erste Lesung stammt aus dem Alten Testament, aus der Apostelgeschichte oder der Apokalypse des Johannes. Die zweite Lesung ist einem der neutestamentlichen Briefe (meist Paulus) entnommen. Werktags werden grundsätzlich eine Lesung und das Evangelium verlesen.

📖   Der Wortgottesdienst ist der erste Hauptteil der Messliturgie. Er ist durch die Schriftlesung geprägt, die schon im jüdischen Synagogengottesdienst, einer der Wurzeln der christlichen Messe, ein zentrales Element darstellte. In allen christlichen Liturgien wird *ausschließlich* aus der Hl. Schrift vorgetragen; kein anderer (wenn auch literarisch noch so wertvoller) Text darf an ihre Stelle treten. Das Zweite Vatikanum wollte den Gläubigen „den Tisch des Gotteswortes reicher bereiten" (vgl.

---

[52] Josef Könn, Die heilige Messe (Essen 1949) 72

SC 51). Darum hat es die Auswahl der biblischen Schriftstellen, die im Jahresablauf verlesen werden, vergrößert.

☛ Um dies zu ermöglichen, ist die Leseordnung der Sonntage in drei „Lesejahre" (A-B-C) eingeteilt, die immer eines der synoptischen Evangelien zum Schwerpunkt haben[53]. Stücke aus dem Johannesevangelium kehren in allen drei Jahren wieder, vor allem vor und nach Ostern. Um das aktuelle Lesejahr herauszufinden, kann man sich merken: Lesejahr C ist durch drei teilbar (also: 2001, 2004, ...). Das Lesejahr beginnt wie das Kirchenjahr stets am 1. Adventssonntag des (vorhergehenden) Kalenderjahres.

Die erste Lesung des Sonntags ist jeweils im Licht des Evangelientextes ausgewählt, die zweite Lesung wird unabhängig vom Evangelium in einer Sonntag für Sonntag fortlaufenden Reihe (lectio continua) gelesen.

Für die Werktage gibt es nur zwei Lesejahre (I = ungerade Jahre, II = gerade Jahre). Zur Orientierung empfiehlt sich das Schott-Messbuch. Die Idee einer „fortlaufenden" Leseordnung („Bahnlesungen", d.h. an aufeinander folgenden Tagen aufeinander folgende Bibeltexte), wie sie vor allem in den Werktagsmessen vorherrscht, hat sich allerdings in der Praxis als wenig brauchbar erwiesen. Sie setzt die tägliche Messfeier in derselben Gruppe voraus und verhindert außerdem die Einbeziehung der eigenen Lesungen für die Gedenktage der Heiligen und die Begräbnismessen (Exequien).

↗ Der hl. Paulus lehrt: „Der Glaube kommt vom Hören" (Röm 10,17). Gott hat sich dem Menschen im Wort geoffenbart. In der Hl. Schrift begegnen wir dem göttlichen Offenbarungswort. Die vom Hl. Geist inspirierten Verfasser geben uns Kunde von der Geschichte Gottes

---

[53] A: Matthäus – B: Markus – C: Lukas

mit seinem Volk, die in Jesus Christus gipfelt. In den vielen Worten der verschiedenen biblischen Bücher spricht letztlich das eine göttliche Wort selbst zu uns, das Mensch geworden ist, damit wir seine Stimme unmittelbar vernehmen können. Dafür gebührt Gott unser Dank (vgl. die Antwort auf die Lesung: „Dank sei Gott!").

An dieser Stelle des Gottesdienstes sollen wir uns klar machen, dass wir Gott gegenüber Hörende sind (z.B. auch durch die Haltung des Sitzens = aufmerksame Konzentration).

Wer als Lektor eine biblische Lesung vorträgt, ist nicht nur zu unbedingter Treue gegenüber dem Text verpflichtet (Symbol: an das Buch gelegte Hände), die eigenmächtige Änderungen verbietet. Er muss auch die Begabung des klaren und würdigen Vorlesens mitbringen oder sich erwerben, um für diesen Dienst geeignet zu sein.

Die Leseordnung sagt uns weiterhin: Altes und Neues Testament sind untrennbar miteinander verbunden. Oft stehen sie zueinander im Verhältnis von Verheißung und Erfüllung. Die Leseordnung der Kirche versucht deutlich zu machen, was der hl. Augustinus in den Worten ausgedrückt hat: „Das Neue Testament ist im Alten verborgen, und das Alte Testament wird im Neuen offenbar."

Antwortgesänge

ⓘ   Nach den Lesungen sieht die Liturgie Antwortgesänge vor: Psalmgebet nach der ersten Lesung, Halleluja (bzw. in Messen ohne Halleluja andere Verse) nach der zweiten Lesung. Einige Festtage kennen vor dem Evangelium außerdem die sog. Sequenz, ein strophisches Lied, das den Inhalt des Festtags besingt. Bekannt sind etwa die Ostersequenz („Victimae paschali laudes"), die Sequenz des Pfingsttags („Veni Sancte Spiritus") oder die des Fronleichnamsfestes („Lauda Sion Salvatorem"). Manche

Sequenzen finden sich auch im Liedgut des „Gotteslobs", so z.b. die Sequenz „Stabat mater" (GL 584: Christi Mutter stand mit Schmerzen).

📖 Die Antwortgesänge gehen zurück bis in die ersten Jahrhunderte des christlichen Gottesdienstes. Dies zeigt sich vor allem an ihrem responsorischen Charakter (Wechsel Vorsänger – Volk), der im Altertum sehr beliebt war und nach der Liturgiereform wieder stärker betont worden ist.

Das „Halleluja" ist eines der wenigen hebräischen Worte, die heute noch in der Liturgie zu finden sind. Es kommt oft in den Psalmen Davids vor und heißt übersetzt: „Lobet den Herrn!" Die alte Kirche hat es besonders geliebt, und das Mittelalter hat regelrechte Abschieds- und Begrüßungsrituale für das Halleluja in der Liturgie zu Beginn der Fasten- bzw. Osterzeit entwickelt.

Die Sequenzen stammen allesamt aus dem Mittelalter. Die Liturgiereform nach dem Trienter Konzil hat ihre Zahl auf wenige reduziert, die in heutiger Zeit leider noch weiter zurückgedrängt wurden. Das berühmte „Dies irae" der Totenmesse, dessen wertvolle Vertonungen durch große Komponisten heute nur noch im Konzertsaal erklingen können, ist fast gänzlich weggefallen – im Stundengebet der Kirche kann es noch als Hymnus in der 34. Woche im Jahreskreis gebetet werden.

🗩 An dieser Stelle der Messe wird (wie auch im Stundengebet) deutlich, welch hohen Stellenwert die Kirche dem Psalmengebet eingeräumt hat. Darin folgt sie Jesus selbst, der noch am Kreuz aus den Psalmen gebetet hat, und den Aposteln bzw. biblischen Schriftstellern, die bereits viele Stellen aus den Psalmen auf Christus hin gedeutet haben. „Die neutestamentliche Christologie ist weithin ‚Psalmen-Christologie'" (E. Zenger). Das Halleluja unterstreicht den österlichen und anbetenden Charakter der Eucharistiefeier: „Deinen Tod, o Herr, verkünden wir, und deine Auferstehung preisen wir, bis du kommst in Herrlichkeit."

↗ Es ist sinnvoll, zum Antwortgesang tatsächlich dem gemeinsamen Psalmengebet der Gemeinde (bzw. dem Wechselgesang mit Antwortversen) seinen Platz einzuräumen. Leider fehlt uns eine Psalmenübersetzung, die im Gebet wirklich die Herzen ergreift. Will man als Antwortgesang ein Gemeindelied singen, empfiehlt sich eine der zahlreichen Psalmadaptionen des Gotteslobes.

Die Psalmen eignen sich vortrefflich dazu, uns besser beten zu lehren. Nach Meinung der Kirchenväter sprechen sie stets von, mit oder zu Christus. Ihr Reichtum besteht zudem in der Vielzahl menschlicher Gefühle, die in ihnen vor Gott zum Ausdruck gebracht werden – von Freude und Jubel bis zu Verzweiflung und Wut.

Der freudige Jubel des Halleluja verlangt unbedingt, dass wir uns dazu erheben. Sein Klang gleicht eher dem Stammeln eines Kindes als einem wohlgesetzten Wort: Vor dem Wunder des Ostertages verschlägt es dem Menschen die Sprache, und er kann nur die Antwort der kindlich jubelnden Anbetung geben. Im feierlichen gregorianischen Choral werden seine Silben in einem nicht enden wollenden Auf und Ab der Melodie wie auf einer Welle der Freude getragen. Wann immer wir das Halleluja in der Messe singen, soll es in uns die Sehnsucht nach dem himmlischen Osterfest vermehren und das Heimweh nach jener Stadt wach halten, „in deren Straßen man das Halleluja singt" (Tob 13,18).

Evangelium

ⓘ Wenn der Priester oder Diakon das Evangelium verliest, steht die Gemeinde. Im feierlichen Amt kann das Evangelienbuch in einer Prozession mit Leuchtern zum Ambo getragen und mit Weihrauch verehrt werden. Der Text kann gesungen werden. Am Anfang und Ende steht ein kurzer Dialog des Vortragenden und der Gemeinde, in dem Christus in seiner Frohbotschaft gelobt wird.

📖 Die besondere Verehrung kommt dem Evangelium in der Messe schon seit alter Zeit zu. Sie zeigt sich an den kostbar ausgestatteten Evangeliaren, die uns das Mittelalter überliefert hat, ebenso wie an dem Brauch, dem Evangelienbuch einen Platz auf dem Altar einzuräumen. Die Akklamationen der Gemeinde – „Ehre sei dir, o Herr" und „Lob sei dir, Christus" – sowie Prozession, Weihrauch und Buchkuss des Priesters deuten in dieselbe Richtung. Seit dem Mittelalter betet der Priester vor der heiligen Lesung still um Reinheit des Herzens und der Lippen; der Diakon wird dazu vom Bischof oder Priester eigens gesegnet.

✏ Das Evangelium steht nicht zufällig am Ende der Schriftlesungen der Messe: „Wie im Zuge des Klerus der Ranghöchste den Schluss bildet, so in der Reihe der Lesungen das Evangelium" (J. A. Jungmann). Hier spricht die Stimme Christi selbst zu uns. Das Wort des Herrn bringt uns Menschen Segen und Heil. Diesen Segen erbitten sich die Gläubigen mit dem so genannten „kleinen Kreuzzeichen". Selbst Vergebung der (lässlichen) Sünden darf man von der Begegnung mit Christus im Wort erhoffen: „Durch die Worte des Evangeliums mögen getilgt werden unsere Sünden", betet der Priester beim Kuss des Evangelienbuches. In der klassischen Liturgie wird das Evangelium in Richtung Norden verkündet, der symbolisch für die noch nicht bekehrte Welt steht.

↗ Das Kreuzzeichen auf Stirn, Mund und Brust hat oft auch die symbolische Deutung erfahren, dass wir für das Wort des Herrn mit offener Stirne eintreten (bzw. es mit dem Verstande begreifen), es mit dem Munde weitersagen und im Herzen bewahren sollen. Dies ist nur möglich, wenn wir uns auch außerhalb des Gottesdienstes bemühen, das Wort des Evangeliums immer besser kennen zu lernen (durch Lesen der Hl. Schrift, allein oder in einer Gemeinschaft).

Predigt (Homilie)

ⓘ Die Predigt ist ein Teil des Gottesdienstes und an Sonntagen und gebotenen Feiertagen immer vorgesehen. Sie wird stets von einem Geistlichen, in der Regel vom Zelebranten selbst, gehalten.

📖 Schon in der jüdischen Synagoge war es üblich, das verlesene Gotteswort für die Zuhörer auszulegen. Jesus selbst hat dies in der Synagoge von Nazaret getan (vgl. Lk 4,16ff.), und auch die Apostel haben im jüdischen Gottesdienst gepredigt (vgl. Apg 13,15). In der christlichen Feier ist die Auslegung der Schrift seit alter Zeit ureigenste Aufgabe des Bischofs als Apostelnachfolger. Der Bischofsstuhl („cathedra") hat nicht nur der sie umgebenden Kirche („Kathedrale") den Namen gegeben; er ist tatsächlich das Zentrum der Glaubenslehre in einer Diözese. Priester und Diakone üben das Lehramt in Stellvertretung des Bischofs aus.

● Wie Christus zugleich Priester, Lehrer und Hirt des Gottesvolkes ist, so sind auch im sakramentalen Weiheamt, das Christus als Haupt der Kirche repräsentiert, diese drei Aspekte untrennbar verbunden. Nur die sakramentale Weihe, nicht aber noch so gute theologische Qualifikation oder rhetorische Begabung, bevollmächtigt zur Predigt im Gottesdienst. Die Laienpredigt innerhalb der heiligen Messe ist darum untersagt.

✗ Prinzipiell gilt für die Beurteilung einer Predigt das Wort des Herrn: „Wer euch hört, der hört mich" (Lk 10, 16). Wer an die Gegenwart Christi im priesterlichen Amt glaubt, der wird sich stets bemühen, den Worten einer Predigt in der Grundhaltung des Respekts und Gehorsams zu begegnen. Aus einer frommen Predigt kann man auch dann geistlichen Gewinn ziehen, wenn sie den eigenen stilistischen oder intellektuellen Erwartungen nicht gerecht wird. Umgekehrt ist damit auch der Prediger unter einen strengen Maßstab gestellt. Niemals darf er in der Predigt Privatlehren verbreiten, sondern er muss im Namen Christi und der Kirche sprechen. Eigene Zweifel oder kritisches Räsonieren haben in der Predigt nichts zu suchen. Wer ein „anderes Evangelium" (vgl. 2 Kor 11,4) predigt als das, welches er selbst zur Weitergabe empfangen hat, missbraucht sein Amt, verspielt geistliche Autorität und verrät seine Weiheversprechen.

Credo (Glaubensbekenntnis)

ⓘ An Sonntagen und hohen Feiertagen folgt das gesprochene bzw. gesungene Glaubensbekenntnis, das nach seinem lateinischen Anfangswort „Credo" (= „Ich glaube") heißt.

▭ Erst seit dem Hochmittelalter (ca. 1000) setzt sich das Glaubensbekenntnis im Gottesdienst des Westens allgemein durch. Der bis zur Liturgiereform ausschließlich gebetete Text des „großen" Credo wurde nicht für die Messfeier geschrieben, sondern entstand als amtliche Zusammenfassung der wichtigen Konzilien des 4. Jahrhunderts, in denen vor allem die Wahrheit über Jesus Christus endgültig definiert werden konnte. Es wird darum auch „Nicäno-Konstantinopolitanisches Glaubensbekenntnis" genannt (nach den Orten zweier dieser Konzilien: Nicäa im Jahre 325 und Konstantinopel im Jahre 381). In dem kürzeren „Apostolischen Glaubensbekenntnis", das heute fast allgemein an seine Stelle getreten ist, wird noch deutlicher, dass alle Glaubensbekenntnisse im Zusammenhang mit der Taufe entstanden sind: Bevor ein Täufling das Sakrament empfangen darf, muss er mit der ganzen Kirche seinen Glauben an den dreifaltigen Gott bekennen.

🖝 Beide in der Messe gebräuchlichen Glaubensbekenntnisse sind deshalb nach den drei Personen der Allerheiligsten Dreifaltigkeit strukturiert. Mit den Namen von Gottvater, Sohn und Heiligem Geist sind eine Reihe der wichtigsten Eigenschaften und heilsgeschichtlichen Ereignisse verbunden, die wir den jeweiligen Personen zuschreiben können. Alles Wesentliche des christlichen Glaubens ist in diesen wenigen Sätzen enthalten. Im Mittelpunkt steht die Menschwerdung Christi, die durch eine Verneigung bzw. Kniebeuge besonders geehrt wird.
Viele der großen Lehrbücher der katholischen Religion tun nichts anderes, als Punkt für Punkt die Artikel des Credo zu entfalten.

✗ Das Glaubensbekenntnis gehört zum unbedingt notwendigen Grundwissen jedes Christen. Es verbindet die Gläubigen von heute mit der Kirche aller Zeiten, und es verbindet zudem die Christen aller Konfessionen. Wenn wir es beten, sollen wir uns dankbar an das Geschenk unserer Taufe erinnern. Leider hat die Veränderung der deutschen Übersetzung des großen Credo in der letzten Reform und der weit verbreitete Brauch, das Credo stets durch ein kurzes Credo-Lied zu ersetzen, die Folge, dass heute fast niemand mehr seinen

Text auswendig weiß.

In der Messe kann man das Credo als „Echo" auf Wortgottesdienst und Predigt, aber auch als Vorbereitung vor der Opferfeier ansehen. Es wird dann gebetet, wenn (wenigstens dem Anspruch nach) das ganze Gottesvolk einer Gemeinde versammelt ist. Die Gemeinde bekräftigt darin ihren Glauben an das, was ihr verkündet wurde („Amen" = „So ist es"), und erinnert sich zugleich an die wesentlichen Wahrheiten, die zu glauben sind, damit die Begegnung mit Christus im Sakrament heilbringend werden kann.

„Glauben" ist ein Akt der ganzen Person. Ich glaube nicht nur *an* bestimmte *Inhalte*, ich glaube *Ihm*, dem sich offenbarenden Gott, dessen Glaubwürdigkeit mir die Wahrheit des Glaubensinhalts garantiert. Und Glaube ist Gnade: Geschenk Gottes, eingegossene Tugend, nicht Produkt unserer eigenen Leistungen und Vermögen.

Jedes Wort im Credo ist theologisch wohlüberlegt und Ergebnis oft langen, teilweise schmerzlichen Ringens in der Vergangenheit der Kirche. Das gemeinsame Bekenntnis dieses Glaubens ist Grundlage für die kirchliche Einheit. Es ist darum unverantwortlich, das Credo durch selbst gemachte „Glaubensbekenntnisse" ersetzen zu wollen, wie leider manchmal zu erleben ist. Stattdessen bieten die alten Texte unendlichen Stoff für Katechese und geistliche Betrachtung[54].

---

[54] Fragen Sie sich z. B. einmal: Heißt es richtiger „Ich glaube" oder „Wir glauben"? Was ist die „unsichtbare" neben der „sichtbaren" Welt? Verstehen Sie alle Bezeichnungen und Worte des Glaubensbekenntnisses („eingeboren", „geboren vor aller Zeit", die „Rechte des Vaters", „herabgestiegen" vom Himmel etc.)? Warum kommt gerade Pontius Pilatus in diesem Text vor? Wo werden Bilder benutzt? Was wird über die Kirche gesagt? Warum haben die Glaubensartikel zu Kirche, Taufe, Sündenvergebung und Auferstehung besonders mit dem Heiligen Geist zu tun?

Fürbitten (Allgemeines Gebet)

ⓘ   Am Ende des Wortgottesdienstes trägt der Diakon oder ein anderer im Namen des Gottesvolkes das fürbittende Gebet in den großen Anliegen von Kirche und Welt vor. Aufgabe des Zelebranten sind Einleitung und Abschluss des Gebetes.

📖   Die Fürbitten sind erst durch die Reform nach dem Zweiten Vatikanum wieder zum regelmäßigen Bestandteil der Messfeier geworden. Nur in der Karfreitagsliturgie hatte sich das „allgemeine Gebet" immer erhalten, während in der römischen Messe an den übrigen Tagen nach dem „Lasset uns beten" des Zelebranten seit dem sechsten Jahrhundert sofort ein Vers zur Opferbereitung folgte.
In der frühen Zeit der Kirche mussten diejenigen, die sich auf die Taufe noch vorbereiteten (Katechumenen), das Gotteshaus nach Ende des Wortgottesdienstes („Katechumenenmesse") verlassen, weil das heiligste Innere der Feier nur den Getauften zugänglich sein durfte.

🖛   „In den Fürbitten übt die Gemeinde durch ihr Beten für alle Menschen ihr priesterliches Amt aus" (AEM 45). Wie der Name schon sagt, geht es hier nicht bloß um persönliche Anliegen der Versammelten, sondern um ein stellvertretendes Gebet „für" andere. Es soll gebetet werden in den Anliegen der Kirche, für die Regierenden und das Heil der Welt, für alle, die unter verschiedenen Nöten leiden, schließlich auch für die Ortsgemeinde. Ein uraltes, alle Anliegen in biblischer Sprache zusammenführendes Textformular findet sich übrigens in der Bittandacht des Gotteslobes (GL 790,2).

↗   Gerade im Zusammenhang mit den Fürbitten werden oft Texte von äußerst minderwertiger Qualität vorgetragen, in denen das eben beschriebene Anliegen kaum mehr zur Geltung kommt. Nicht selten sind sie das Produkt schlecht ausgebildeter Liturgiekreise. Die Fürbitten werden missbraucht, um eigene Ansichten vorzutragen (Kennzeichen: Beginn mit Aussagesätzen, z. B.: „Frauen in unserer Kirche werden noch immer benachteiligt und abgewertet." – Es folgen subjektiv gefärbte Wünsche). Ebenso gibt man unter ihrem Deckmantel versteckte Aufforderungen an die Gemeinde weiter, oft mit moralinsaurem Beigeschmack (Beispiel: „Herr, lass uns mit den Armen teilen" = versteckte Aufforderung: „Spendet für die Armen!"). Besonders beliebt ist diese Methode in Kindermessen (Beispiel: „Lieber Gott, gib, dass wir Mama und Papa gehorchen" – diese Erwartung könnte man den Kindern besser unmittelbar zu verstehen geben).

Vergegenwärtigt man sich außerdem, wie gedankenlos und leierkastenartig die Bitten von manchen Lektoren vorgetragen und von der Gemeinde „beantwortet" werden, so bekommt man eine Ahnung, weshalb schon die alte Kirche schließlich auf die Fürbitten verzichtet haben mag. Immerhin sind alle zentralen Gebetsanliegen auch im Hochgebet der Messe wiederzufinden.

Eucharistiefeier (Opfergottesdienst)

Gabenbereitung (Opferbereitung)

ⓘ Die Gaben von Brot und Wein werden unter dem Gesang der Gemeinde oder des Chores herbeigebracht, der Altar wird bereitet. Der Priester hebt die Gaben empor und spricht die begleitenden Darbringungsgebete. Im feierlichen Amt werden dann Gaben und Altar mit Weihrauch inzensiert, anschließend Priester und Volk. Nach der Händewaschung vereint sich der Priester mit der Darbringungsbitte der Gemeinde („Der Herr nehme das

Opfer an ...") und beschließt die Opferbereitung mit dem Gabengebet.

📖 In alter Zeit war die Bereitstellung von Brot und Wein für das eucharistische Geschehen mit einem Opfergang der Gläubigen verbunden, die Gaben für die Bedürfnisse der Kirche und der Armen spendeten; manchmal wurden sogar Naturalien beigebracht. Die heutige Kollekte steht in dieser Tradition.

Seit dem 9. Jahrhundert ist im Abendland – im Gegensatz zur Ostkirche – nur ungesäuertes Brot für die Eucharistie zugelassen.

Ebenfalls im Mittelalter entwickeln sich die stillen Opferungsgebete des Priesters. Sie nennen den Opferzweck, bitten um Annahme der Gaben und drücken die Demut des Zelebranten aus. Die letzte Reform hat an ihre Stelle Lobpreisformeln nach Art des jüdischen Tischgebets gestellt.

Die Mischung des Weins mit Wasser war im Altertum ein alltäglicher Vorgang. In der Geschichte der Liturgie ist ihr eine symbolische Bedeutung zugewachsen, die das begleitende Stillgebet des Priesters benennt: Wie das Wasser vom edleren Wein aufgenommen wird, so wurde in Christus die menschliche Natur aufgenommen in die Einheit der göttlichen Person. An dieser „Vergöttlichung" sollen alle Menschen teilhaben, wenn sie durch die Kommunion mit Christus vereint werden.

Die Händewaschung der Messe zeigt, dass auch das Christentum das Sinnbild der rituellen Waschung kennt, das in anderen Religionen (z. B. Islam) eine wesentlich zentralere Stellung einnimmt. Der Gehalt bedarf kaum einer Erklärung: Mit der äußeren Reinheit wird die innere erbeten.

✏ Der Ausdruck „Gabenbereitung" ist insofern problematisch, als es weniger um die Bereitung der Gaben als solcher geht (sie stehen fertig zur Verfügung), sondern um die Vorbereitung dessen, was mit den Gaben geschehen soll. Insofern ist der Ausdruck Opferbereitung viel treffender. Das Wort „Opfer" kommt vom lateinischen „operari", was schlicht „handeln" bedeutet: Auf den Vollzug kommt es an! Im lateinischen Ausdruck „offertorium", der für die Opferbereitung steht, wird der Inhalt noch prägnanter erfasst. „Offere" heißt wörtlich „entgegenhalten". Somit benennt es buchstäblich das, was in diesem Augenblick des Gottesdienstes geschieht: Der Priester hält die irdischen Gaben Gott entgegen mit der Bitte, er möge sie zu den himmlischen Gaben von Leib und Blut Christi verwandeln. Dass der Kanon diese Bitte wiederholt, braucht nicht gegen den Sinn der Opferbereitung angeführt zu werden. Wiederholungen und Pleonasmen sind in der Liturgie nicht unnützes Rankenwerk, sondern unterstreichen ihren mystagogischen (= in das Geheimnis führenden) Charakter.

Schon in der Opferbereitung wird deutlich: Eucharistie ist Sakrament der Einheit der Kirche. Die Kirche wird am Altar versammelt wie das Brot aus vielen Körnern und der Wein aus vielen Trauben.

↗ Die Opferbereitung in der Messe ist alles andere als ein „passiver" Augenblick für die mitfeiernde Gemeinde. Wie jedes heilige Opfer für die Mitfeiernden „Verwandlung" in Christus sein soll, so ist die Opferung der Ort, wo sie ihr Leben Gott anbieten und entgegenhalten sollen, auf dass er damit wirke, was ihm gefällt. Hier ist der passende Ort für ein Gebet der Hingabe und Übereignung an den Willen Gottes[55]. Aber auch die persönlichen Anliegen, die wir in die Messfeier mitgebracht haben und die immer eingeschlossen sein sollen, dürfen wir hier vor Gott nennen. Als Priester ahnt man zuweilen, wie schwer von Sorgen und Bitten die Patene (Teller, der die Hostie trägt) ist, die zum himmlischen Vater emporgehoben wird. Doch

---

[55] Beispiele dafür im Gotteslob, Nr. 5.

zugleich dürfen wir gewiss sein: Alles, was uns bedrückt, hat Christus mit zum Kreuz getragen, um es in Erlösung zu verwandeln.

Eucharistisches Hochgebet
(am Beispiel des dritten Hochgebetes)

ⓘ Mit einem Eröffnungsdialog beginnt der Priester nun das eucharistische Hochgebet, das Zentrum der ganzen Messfeier. In seiner Mitte steht die hl. Wandlung. Als Amtsgebet des Priesters bleibt es diesem im Vortrag gänzlich vorbehalten. Die Gemeinde beteiligt sich durch Akklamationen (Zurufe).

📖 Zwischen dem 3. und 6. Jahrhundert entwickelt sich in Rom als maßgebendes Eucharistiegebet der „römische Messkanon" („Kanon" = Maßstab). Seine historischen Ursprünge liegen im Dunkeln. Inhaltlich wird im letzten Kapitel dieses Buches im Einzelnen erklärt. Vom Ausgang der Antike bis zur Mitte des 20. Jahrhunderts blieb dieser Kanon unangetastet. In der Ostkirche entwickelten sich dagegen andere Typen eucharistischer Hochgebete. Die Liturgiereform nach dem Zweiten Vatikanum änderte nicht nur die Vortragsform (lautes Sprechen, auch in der Volkssprache, statt leisem lateinischen Beten), sondern schuf zudem alternative Texte zum römischen Kanon. Dieser blieb als „Erstes Hochgebet" im Neuen Messbuch erhalten. Neben ihn traten drei neue Texte: Hochgebet II will an das knappe altkirchliche Formular des Papstes Hippolyt (ca. 215 n. Chr.) anknüpfen; Hochgebet III ist eine Neuschöpfung mit inhaltlicher Nähe zum römischen Kanon (Opfergedanke!), allerdings wesentlich kürzer; Hochgebet IV schließlich lehnt sich an die östliche Tradition an (heilsgeschichtliche Prägung, Lobpreis). Mittlerweile sind zusätzlich eine Reihe weiterer Hochgebete „zu besonderen Anlässen" bzw. für Kinder- und Gehörlosengottesdienste approbiert.

➤ In unveränderlicher Form kehrt der Kanon in jeder Messe wieder. Er ist das unveränderliche Leitmotiv, welches das ganze Kirchenjahr durchzieht. Wer darum nach ständig neuen Formularen für das Hochgebet ruft, hat nicht begriffen, was der große Kölner Volksliturge Josef Könn mit Blick auf den Römischen Messkanon so formuliert hat: „Im Kanon, im Allerheiligsten, hört die Entwicklung auf, wie sie auch im Himmel aufhören wird. (...) Der Oberflächliche sieht darin etwas Starres, der Tieferblickende das Ehrfurchtgebietende, das vom Ewigen ausgeht. Seine absolute Unveränderlichkeit ist keine Erstarrung, sondern der Ausdruck der höchsten, nicht mehr zu steigernden Lebensfülle."[56]

Wegen ihrer Kürze werden in der heutigen volkssprachlichen liturgischen Praxis wohl das zweite und dritte Hochgebet am häufigsten benutzt. So sei am Beispiel von Hochgebet III das Aufbauschema erläutert[57].

---

(1) Eröffnungsdialog

„Der Herr sei mit euch" – „Und mit deinem Geiste" – „Erhebet die Herzen" – „Wir haben sie beim Herrn" – „Lasset uns danken, dem Herrn, unserm Gott" – „Das ist würdig und recht."

Wir begegnen hier uralten liturgischen Formeln, die oft nur unvollkommen aus dem Lateinischen ins Deutsche zu übertragen sind. Der Dialog will alle Mitfeiernden zur rechten inneren Gesinnung bewegen: weg vom Irdischen – hin zu Gott! Das „Lasset uns danken" erinnert an das

---

[56] Vgl. Josef Könn, Die heilige Messe (Essen 1939) 124. Wie weit sind selbst erlaubte „Kinderhochgebete" oder erst recht selbst verfasste Vorlagen, die manche Verlage wöchentlich frei Haus liefern, von diesem katholischen Ideal entfernt!
[57] Vgl. Th. Schnitzler, Die drei neuen eucharistischen Hochgebete und die neuen Präfationen (Freiburg 1968) 55–90.

Grundthema der ganzen Feier. „Eucharistie" heißt „Danksagung": Sie ist Gedenken, das in Danken mündet.

---

(2) Präfation (Lobrede)
„In Wahrheit ist es würdig und recht, dir, allmächtiger Vater, zu danken durch unseren Herrn Jesus Christus,... Durch ihn preisen dich deine Erlösten und singen, vereint mit den Chören der Engel, das Lob deiner Herrlichkeit."

Die Präfation (lat. „vorangestellte bzw. vorgetragene Rede") als erster eigentlicher Teil des Hochgebets ist lobpreisende Danksagung schlechthin: an den Vater – durch Christus – im Hl. Geist. Der Text der Präfation wechselt mit dem Festgeheimnis der jeweiligen Messfeier: So groß ist das Erlösungswerk Gottes für uns, dass die Kirche immer nur einen Teilaspekt herausgreifen und dankbar meditieren kann. In der letzten Reform wurde die Zahl der Präfationen stark vermehrt. In diesen „neuen" Präfationen wurden vielfach alte Texte wieder aufgegriffen. Wer Anregungen für das persönliche Lobgebet sucht, findet sie hier in reichem Maße. Der Lobcharakter bedingt auch das Stehen der Gemeinde. Gerade an Sonn- und Festtagen ist der gesungene Vortrag durch den Priester sehr angemessen.

---

(3) Sanctus („Heilig, heilig, heilig ...")
„Heilig, heilig, heilig, Gott, Herr aller Mächte und Gewalten. Erfüllt sind Himmel und Erde von deiner Herrlichkeit. Hosanna in der Höhe! Hochgelobt sei, der da kommt im Namen des Herrn. Hosanna in der Höhe!"

Der Dank der Präfation mündet in jenes große Lobgebet ein, das die Kirche schon auf Erden „mit allen Chören der Engel" singen darf. Es ist das dreifache „Heilig", das der Prophet Jesaja in einer Himmelsvision (Jes 6,3) aus dem Mund der Seraphim selbst vernimmt und das man sich als Gesang der unendlichen Scharen denken mag, die nach der Schauung des Daniel vor dem Thron Gottes stehen (Dan 7,10). „Mächte und Gewalten" sind die Engel des Himmels.

Die Heiligkeit ist Gottes innerstes Wesen, das ihn von allem Geschöpflichen unterscheidet. Wir Menschen können sie nicht mit unserem Verstand erkennen, wohl aber lobpreisend anerkennen.

Das Lob des Vaters wird in diesem Gebet auch auf den menschgewordenen Sohn ausgeweitet: Die Kirche lobt den, der im Sakrament „in ihre Mitte kommen" will, so wie die Kinder von Jerusalem dem einziehenden König des Palmsonntags zujubelten. „Hosanna" ist ein Huldigungsruf aus der Sprache Jesu selbst („Heil!").

---

(4) Postsanctus (Überleitung nach dem Sanctus)
„Ja, du bist heilig, großer Gott, und alle deine Werke verkünden dein Lob. Denn durch deinen Sohn, unseren Herrn Jesus Christus, und in der Kraft des Heiligen Geistes erfüllst du die ganze Schöpfung mit Leben und Gnade. Bis ans Ende der Zeiten versammelst du dir ein Volk, damit deinem Namen das reine Opfer dargebracht werde vom Aufgang der Sonne bis zum Untergang.

Der Lobpreis des Sanctus wird aufgenommen und weitergeführt, ebenso der Dank der Präfation für das Schöpfungs- und Erlösungswerk des dreifaltigen Gottes. Die Herrlichkeit des heiligen Gottes bildet sich ab in seiner Schöpfung. Ihn dafür zu loben, ist der wahre Existenzzweck des Gottesvolkes. Nur dafür wird die Kirche am Ende da sein, und dafür versammelt sie sich schon jetzt. Im Opfer des Lobes, das sie durch, mit und in Christus darbringt, erfüllt sie die endzeitliche Verhei-

117

ßung des Propheten Maleachi: „Denn vom Aufgang der Sonne bis zu ihrem Untergang steht mein Name groß da bei den Völkern, und an jedem Ort wird meinem Namen ein Rauchopfer dargebracht und eine reine Opfergabe" (Mal 1,11).

---

(5) Wandlungsepiklese (Herabrufung des Hl. Geistes)
„Darum bitten wir dich, allmächtiger Gott: Heilige unsere Gaben durch deinen Geist, damit sie uns werden Leib und Blut deines Sohnes, unseres Herrn Jesus Christus, der uns aufgetragen hat, dieses Geheimnis zu feiern."

Der Priester breitet die Hände über die Gaben aus zum Zeichen dafür, dass der Heilige Geist herabkommen und die heilbringende Verwandlung bewirken möge. Die Verwandlung der Gaben ist kein magisches Ritual, sondern wunderbares Wirken des Gottesgeistes, das immer wieder neu erbetet werden muss. Auch viele andere sakramentale Handlungen sind mit einer solchen Herabrufung des Geistes (Epiklese) verbunden (z.B. Firmung, Priesterweihe). Die ausgebreiteten Hände verweisen auf die Handauflegung als biblisch bezeugtes Symbol der Geistmitteilung. Die orthodoxe Kirche sieht in diesem Augenblick das Zentrum der Eucharistiefeier.

---

(6) Konsekration (Wandlung)
„Denn am Abend, an dem er ausgeliefert wurde und sich aus freiem Willen dem Leiden unterwarf, nahm er das Brot und sagte Dank, brach es, reichte es seinen Jüngern und sprach: Nehmet und esset alle davon. DAS IST MEIN LEIB, DER FÜR EUCH HINGEGEBEN WIRD.
Ebenso nahm er nach dem Mahl den Kelch, dankte wiederum, reichte ihn seinen Jüngern und sprach: Nehmet und trinket alle daraus. DAS IST DER KELCH DES

NEUEN UND EWIGEN BUNDES, MEIN BLUT, DAS FÜR EUCH UND FÜR ALLE VERGOSSEN WIRD ZUR VERGEBUNG DER SÜNDEN. Tut dies zu meinem Gedächtnis.

Geheimnis des Glaubens: Deinen Tod, o Herr, verkünden wir, und deine Auferstehung preisen wir, bist du kommst in Herrlichkeit."

Die Konsekrationsworte bilden das innerste Heiligtum der Messfeier.

Zunächst führt uns ein *Rahmenbericht* in die Gemeinschaft des Abendmahlssaals. Es ist die Nacht der „Auslieferung", in die uns Gottes Geist von neuem führt. Jesus wird von Judas ausgeliefert – er liefert sich selbst in die Hände seiner Mörder aus – und er liefert seinen Leib aus in die Hände seiner Kirche, damit sie ihn überliefere durch die Zeiten. Alles das steckt im griechischen Wort „paradosis" (lat. „traditio"): Auslieferung, Hingabe, Überlieferung. Passion und Eucharistie sind eins. Kirchliche „Tradition" wurzelt im österlichen Geheimnis Jesu selbst.

Dann spricht der Priester die *Herrenworte*, das Testament Jesu zur Einsetzung des Altarssakramentes. Die Kirche hat diesen Text aus den verschiedenen, geringfügig voneinander abweichenden Versionen der synoptischen Evangelien und 1 Kor 11 zusammengestellt. „Geheimnis des Glaubens", früher Einschub inmitten der Kelchworte, ist nun ans Ende gestellt und stärker von der eigentlichen Konsekration getrennt.

An dieser Stelle vom „Einsetzungsbericht" zu sprechen, wie es oft zu hören ist, ist viel zu nüchtern und distanziert. Vielmehr gilt: Christus selbst spricht von neuem sein Wort durch den Mund des Priesters, der ihn „repräsentiert" (= gegenwärtig macht). Wir dürfen sogar sagen: Gott spricht hier immer neu ein Schöpferwort, das in seiner Allmacht wirkt: „Er sprach – und es geschah." Jesus Christus selbst ist seiner Menschheit nach der neue Adam, Anfang einer neuen Schöpfung, in der die bestehende verwandelt werden soll.

Wie sich Gott in seiner ersten Schöpfung vieler werkzeuglicher Ursachen bedient, so auch in dieser Neuschöpfung. Ein solches Werkzeug der Gnade Gottes ist in jeder hl. Messe der Priester. Im Augenblick der Wandlung gelingt dem Priester das, was sonst in seinem Leben meist unerreichtes Ideal bleibt: Er ist ganz und gar Abbild Christi, seine Individualität verschwindet hinter seinem Tun. Er macht sich zum Werkzeug, damit Christus hier und jetzt seine Selbsthingabe für das Heil der Menschen Gegenwart werden lassen kann: Brot und Wein werden in Christi Leib und Blut verwandelt, damit wir Menschen durch ihren Empfang in Christus „hineinverwandelt" werden und damit unser Leben die Gestalt seines Lebens (des Daseins „für") empfängt.

Wenn ein Priester aber die Absicht Christi nicht teilt und eigenwillig in die Wandlungsworte eingreift, verrät er nicht nur den Stifterwillen Jesu und verändert das Wesen des Geschehens (die Messe wird „ungültig"). Er hätte damit ebenso gezeigt, dass er prinzipiell nicht mehr bereit ist, den Auftrag seiner Weihe zu erfüllen.

Die Konsekration wird begleitet von Gesten der Ehrfurcht: Erhebung der Gestalten zur Anbetung, Kniebeuge, Klingelzeichen, ggf. Inzens mit Weihrauch. Vor allem die Erhebung der Gestalten („Elevation") wurde seit ihrer Entstehung im Hochmittelalter für das gläubige Volk immer mehr zum Zentrum der ganzen Feier, zumal man die leise gesprochenen Wandlungsworte nicht hörte und nur selten zur Kommunion ging[58].

---

[58] Die später sich entwickelnde Aussetzung des Sakraments in der Monstranz ist eine Art „verlängerte Elevation". Das Sakrament wird angebetet, angeschaut, seine Wirkungen werden meditiert. J. Brinktrine spricht darum von einer gewissen „Spiritualisierung des Sakraments", die dadurch stattfindet (Die heilige Messe [Paderborn 1949]

In der *Gemeindeakklamation* (eingeführt nach der letzten Reform) bestätigen die Anwesenden: Das Geheimnis der Messfeier ist identisch mit dem österlichen Geheimnis von Tod und Auferstehung des Herrn. Eucharistie ist verschleiertes Mysterium und öffentliches Bekenntnis zugleich.

---

(7) Anamnesegebet (Gedächtnis Christi)
„Darum, gütiger Vater, feiern wir das Gedächtnis deines Sohnes. Wir verkünden sein heilbringendes Leiden, seine glorreiche Auferstehung und Himmelfahrt und erwarten seine Wiederkunft. So bringen wir dir mit Lob und Dank dieses heilige und lebendige Opfer dar."

Das griechische Wort „anamnesis", nach dem dieser Teil des Hochgebetes benannt ist, bedeutet „Erinnerung". Der Anschluss an den vorhergehenden Gemeinderuf („darum ...") leitet nochmals zu einer Erinnerung an die österlichen Geheimnisse über: Sie sind der Grund und Inhalt des eucharistischen Feierns der Kirche, das nicht aufhören wird, bis der Herr in seiner Wiederkunft das Heilswerk vollendet. Aus diesem Opfer empfängt sie immer neu „Heil und Leben". Die Messe hat wie unser ganzer Glaube eigentlich nur dieses eine Thema: mit, durch und in Christus sterben und auferstehen. Darum betet der Priester das ganze Hochgebet mit ausgebreiteten Armen – in der Haltung des Hohenpriesters Christus am Kreuz.

---

209). Bedenklich wird eine solche „Schaufrömmigkeit" nur dann, wenn hinter ihr der reale Genuss des Sakramentes zurücktritt. Ansonsten meint „Schau" gerade jene tiefe Wesenserfassung, die den Genuss erst fruchtbar macht.

(8) Darbringungsgebet

„Schau gütig auf die Gabe deiner Kirche. Denn sie stellt dir das Lamm vor Augen, das geopfert wurde und uns nach deinem Willen mit dir versöhnt hat."

„Stärke uns durch den Leib und das Blut deines Sohnes und erfülle uns mit seinem Heiligen Geist, damit wir ein Leib und ein Geist werden in Christus.

Er mache uns auf immer zu einer Gabe, die dir wohlgefällt, damit wir das verheißene Erbe erlangen mit deinen Auserwählten, mit der seligen Jungfrau und Gottesmutter Maria, mit deinen Aposteln und Märtyrern und mit allen Heiligen, auf deren Fürsprache wir vertrauen."

Vor der Ankunft Christi auf Erden konnte sich kein Betender gewiss sein, dass seine Anliegen von Gott erhört werden, weil er niemals die eigene Begrenztheit und Unwürdigkeit überwinden konnte, die ihn von Gott trennte. Die Kirche weiß, dass der Vater das ein – für alle Mal versöhnende Opfer seines Sohnes angenommen hat. Wenn sie sich dieses Opfer immer neu zu Eigen macht, darf sie gewiss sein, dass ihre Gabe – Christus selbst – Gott wohlgefällig ist.

Manche sehen einen Widerspruch darin, dass nach katholischer Lehre die Eucharistie nicht nur Opfer Christi, sondern zugleich Opfer der Kirche ist: Wird damit die Einzigkeit und die Unüberbietbarkeit des Opfers Christi nicht geleugnet? Das Gegenteil ist der Fall. Das Opfer Christi hat erlösende Kraft für alle Menschen aller Zeiten. Dieses Heil wird uns Menschen ohne unser Verdienst angeboten, aber dennoch geschieht die Zuwendung nicht automatisch, sondern nur, wenn wir uns in Freiheit für das Handeln Gottes an uns öffnen. Nur wenn wir als Söhne und Töchter Gottes leben, werden wir auch das „verheißene Erbe" empfangen: die ewige Seligkeit. Nur in diesem Sinne opfert die Kirche (und in ihr jeder Einzelne) weiter:

Sie bittet darum, dass die von Christus erworbene Erlösung auch zur Wirklichkeit im Dasein aller Gotteskinder
werde, sie bittet um Zueignung der Opferfrüchte in das
konkrete Hier und Jetzt ihres Lebens. Dies ist ein Werk
des Heiligen Geistes. Durch die Kommunion soll er uns
so christusförmig machen, dass wir das letzte Ziel unseres
Weges erreichen: die Teilnahme am Leben des dreifaltigen Gottes selbst in der Gemeinschaft der triumphie-
renden Kirche des Himmels. Mit ihren Gliedern, den Heiligen, dürfen wir uns darum schon auf Erden verbunden
wissen.

---

(9) Interzessionen (Fürbitten)

„Barmherziger Gott, wir bitten dich: Dieses Opfer der Versöhnung bringe der ganzen Welt Frieden und Heil. Beschüt-
ze deine Kirche auf ihrem Weg durch die Zeit und stärke sie
im Glauben und in der Liebe: deinen Diener, unseren Papst
N., unseren Bischof N. und die Gemeinschaft der Bischöfe,
unsere Priester und Diakone, alle die zum Dienst in der Kirche bestellt sind, und das ganze Volk deiner Erlösten.
Erhöre, gütiger Vater, die Gebete der hier versammelten Gemeinde und führe zu dir auch alle deine Söhne und Töchter,
die noch fern sind von dir.
Erbarme dich unserer verstorbenen Brüder und Schwestern
und aller, die in deiner Gnade aus dieser Welt geschieden
sind. Nimm sie auf in deine Herrlichkeit. Und mit ihnen lass
auch uns, wie du verheißen hast, zu Tische sitzen in deinem
Reich.
Darum bitten wir dich durch unseren Herrn Jesus Christus.
Denn durch ihn schenkst du der Welt alle guten Gaben."

Die Haltung der Bitte wird in diesem Abschnitt fortgesetzt. Nicht nur im Leben dessen, der in dieser hl. Messe

die Kommunion empfängt, soll die Frucht des Kreuzesopfers Wirklichkeit werden, auch nicht nur im Leben der Kirche, sondern in der ganzen Welt. Mit Recht hat man von immer größer werdenden konzentrischen Kreisen gesprochen, in die sich das Hochgebet der Kirche ausfaltet. Die Feier der Messe ist kein egoistisches, sondern ein stellvertretendes Gebet. Die wahre Weltoffenheit der Kirche besteht nicht in unbegrenzter Anpassung, sondern in unbegrenzter Fürbitte. Die Kirche muss, wie das letzte Konzil sagt, Sakrament des Heils für die ganze Welt sein, wenn sie wirklich das stellvertretende Dasein Christi (sein Dasein „für" alle) fortsetzen will. Darum darf sie auch in ihrem Gebet niemanden ausschließen. So wird an dieser Stelle konkret gebetet um Frieden und Heil der Menschheit, um Segen für die Kirche, die Amtsträger[59] und das ganze pilgernde Gottesvolk, um Erhörung der Gebete aller Mitfeiernden, um Bekehrung der Gottfernen und um Erbarmen für die Verstorbenen[60]. In Totenmessen ist darum hier noch ein eigener längerer Einschub platziert.

Die große Gemeinschaft der Heiligen, welche die Kirche ist,

---

[59] Diese Stelle wird leider von manchen Zelebranten willkürlich verändert und entstellt: Die Ordensleute gehören als solche nicht zum Amt in der Kirche, weshalb es schlichtweg falsch und unsinnig ist, sie an die Nennung der Diakone „anzuhängen". Wie alle besonderen Lebensformen, nichtsakramentalen Dienste und Charismen schließt der Text sie ein, wenn er vom „Volk der Erwählten" spricht.

Allerdings ist bereits die deutsche Übersetzung an dieser Stelle sowohl beim II. wie auch beim III. Hochgebet problematisch. Im Lateinischen heißt es nach Nennung von Papst und Bischöfen: „mit dem gesamten Klerus und dem ganzen Volk deiner Erwählung". In der deutschen Übersetzung wird dagegen der Begriff „Klerus" nochmals aufgefächert in „Priester und Diakone" *und* „alle, die zum Dienst in der Kirche bestellt sind". Gibt es also in Deutschland (im Gegensatz zur übrigen Kirche) noch weiteren Klerus außer Bischöfen, Priestern und Diakonen?

[60] Das Gebet für die Verstorbenen in der Liturgie ist authentisches Zeugnis für den Glauben der Kirche, dass es nach dem Tod den Vorgang der seelischen Läuterung vor Aufnahme in die ewige Herrlichkeit geben kann (Lehre vom *Fegefeuer*).

überwindet in ihrem Beten die Grenzen von Raum und Zeit, Leben und Tod. Streitende Kirche auf Erden, leidende Kirche im Fegefeuer und triumphierende Kirche des Himmels gehören zusammen – „durch Christus, unsern Herrn".

Alle Bitten kann der Zelebrant nur *in* dieser Gemeinschaft der Kirche vortragen; er betet deshalb nicht bloß *für* Papst, Bischöfe und das ganze Gottesvolk, sondern er legitimiert sich erst, indem er *mit ihnen* betend vor Gott tritt (was die deutsche Übersetzung des dritten Hochgebets etwas verdunkelt hat).

(10) Schlussdoxologie (Lobpreis)
„Durch ihn und mit ihm und in ihm ist dir, Gott, allmächtiger Vater, in der Einheit des Heiligen Geistes alle Herrlichkeit und Ehre jetzt und in Ewigkeit. Amen."

Bitten, Lob und Dank des Hochgebets können nur durch, mit und in Jesus Christus vorgetragen werden. Er ist der Mittler. Er ist die Stelle, an der wir in das innere Leben Gottes Einlass finden. Mit ihm ist die Kirche *eine* geheimnisvolle Person, wenn sie, im Heiligen Geist geeint, betend vor den Vater tritt. In der Doxologie am Schluss kehrt das Hochgebet zu seinem Anfang (Sanctus/Präfation) zurück: zum Lob des Vaters durch den Sohn im Heiligen Geist. Dies ist auch der Sinn der nochmaligen Erhebung von Kelch und Hostie an dieser Stelle („kleine Elevation"): Es ist die Gebärde der Darbringung, des Opfers – des Lobopfers. Sie fasst noch einmal Sinn und Inhalt des ganzen Hochgebets zusammen. „Wenn es in der ganzen Messe nur diese eine Gebärde gäbe, könnte man an ihr allein ablesen, was heilige Messe ist" (B. Fischer)[61].

---

[61] Balthasar Fischer, Was nicht im Katechismus stand. 50 Christenlehren über die Liturgie der Kirche (Trier 1952) 108.

↗ Wer einmal das Aufbauschema der Hochgebete begriffen hat[62], hält einen wertvollen Schlüssel in der Hand, der ihm den Zugang zum inneren Verständnis der heiligen Feier eröffnen kann. Er wird das Zentrum der Messe auch zum Zentrum seines gläubigen Erlebens machen. Er kann zudem rasch erkennen, wenn Texte missbräuchlich verfälscht werden.

Ob der Kanon laut oder still gebetet wird, ist für den, der weiß, was gebetet wird, eigentlich gleichgültig. Das laute Vorbeten als solches mag zwar die Verkündigungsfunktion der Texte unterstreichen, hat aber de facto kaum zum wirklichen Verständnis des Inhalts bei den Zuhörern geführt. Immer noch empfiehlt sich – wenigstens hin und wieder – der lesende Mitvollzug des Hochgebets (vgl. Gotteslob Nr. 360 = II. Hochgebet; Nr. 367–369 = I., III. und IV. Hochgebet).

Bis in die jüngste Vergangenheit war es selbstverständlich, dass die Gemeinde dem Hochgebet nach dem Sanctus bis zum Schluss kniend beiwohnte – wie es in der dritten Auflage des Missale Romanum auch wieder vorgesehen ist. Mittlerweile gibt es Pfarreien, wo selbst zur Wandlung die Mehrheit steht (oder sogar sitzt!). Aus reiner Bequemlichkeit (sicher nicht zur Darstellung von „österliche Freude", wie manche Liturgen wollen) wird damit der anbetende Charakter des Gottesdienstes weiter geschwächt und die leider sowieso oft geringe Aufmerksamkeit im eigentlichen Zentrum der Messe weiter reduziert. Dabei erinnert uns gerade der Wechsel der Körperhaltungen daran: Das Geschehen des Gottesdienstes ist nichts, was man passiv (etwa als Unterhaltung oder Belehrung) zur Kenntnis nimmt, sondern ein Tun, das mich beteiligt und meinen aufmerksamen Mitvollzug verlangt. Es ist ein dauernder „Umwandlungsprozess", in den ich selbst mich hineinziehen lassen muss, sooft ich die Wandlung der Messe verehre.

---

[62] Das abweichende Aufbauschema des römischen Messkanons wird in einem eigenen Kapitel dieses Buches erläutert.

Vaterunser – Embolismus – Doxologie

① Nachdem das Hochgebet beendet ist, lädt der Priester zum gemeinsamen Gebet bzw. Singen des Vaterunser ein. Die letzte Bitte wird von ihm in einem eingeschobenen Gebet („Embolismus" = Einschub) fortgeführt („Erlöse uns, Herr, allmächtiger Vater, von allem Bösen ..."), bevor die Gemeinde mit einem Ruf des Lobpreises (der auch hier wieder „Doxologie" heißt) antwortet („Denn dein ist das Reich ...").

📖 Das Vaterunser wird im Westen wie im Osten schon seit dem ausgehenden Altertum an dieser Stelle gebetet. Der Embolismus wurde in der Liturgiereform textlich verändert, die aus der alten Kirche stammende Doxologie neu hinzugefügt.

🗩 Als das zentrale, von Christus selbst gelehrte Gebet darf das Vaterunser in der höchsten Form christlicher Gottesverehrung nicht fehlen. Doch hat es auch einen speziellen Sinn an diesem Ort in der Messe: Einerseits greift es zentrale Themen des vorangegangenen Hochgebetes auf (Lobpreis und Bitten), andererseits kann es als konkrete Vorbereitung zur Kommunion verstanden werden: Mit der Bitte um das eucharistische Brot verbindet die Kirche die Bitte um Vergebung der Schuld.

↗ Niemand zuvor hat Gott in der Weise „Vater" genannt, wie es Jesus tat. Er konnte es, weil er selbst der einzige Sohn ist. In ihm werden auch wir Kinder Gottes. Wenn der Priester in der Einleitung zum Vaterunser sagt, dass wir es „wagen", Gott „Vater" zu nennen, so ist dies mehr als eine Floskel: Niemand von uns hätte Anspruch auf solche Vertraulichkeit mit dem gewaltigen Gott, wenn dieser sich nicht selbst in Liebe uns zugewandt hätte.
Im Vaterunser bittet der Mensch um alles, was er wirk-

lich nötig hat. Dabei gilt das Grundgesetz des Neuen Testaments: „Suchet zuerst das Reich Gottes, und alles andere wird euch dazugegeben" (Lk 12,31). Wie die ganze Liturgie sorgt sich das Vaterunser zuerst um das Lob Gottes („Geheiligt werde dein Name ...") und dann um die konkreten Sorgen des Menschen („Unser tägliches Brot ..."). Dahinter steht die Überzeugung: Sobald Gottes Reich und Gottes Wille „wie im Himmel so auf Erden" zur Durchsetzung kommen, wird auch der Mensch nicht länger unter Hunger, Schuld und Versuchung leiden müssen. Die „sieben Bitten" des Vaterunser sind von vielen geistlichen Autoren ausgelegt worden und eignen sich immer wieder als Ausgangspunkt unserer persönlichen Meditation.

Wenn „Erlösung von dem Bösen" erbeten wird, ist nicht nur an das „Übel" im Allgemeinen, sondern auch an *den* personifizierten Bösen, den Satan, gedacht. In allen Formen der Liturgie geht es immer auch um den Kampf gegen den bösen Feind[63].

Friedensgebet und Friedensgruß

ⓘ Mit der Berufung auf die Friedensverheißung des auferstandenen Herrn bittet der Priester um „Einheit und Frieden" für die Kirche. Unter mehreren Klerikern wird nun der Friedensgruß ausgetauscht, zu dem auch das Volk eingeladen werden kann.

📖 Einen Friedenskuss der Gottesdienstteilnehmer kennen, nach apostolischem Vorbild (2 Kor 13,12 / 1 Petr 5,14) bereits

---

[63] Vgl. dazu C. Vagaggini, Theologie der Liturgie (Einsiedeln 1959) 233–263. Das ganze Buch ist hervorragend geeignet, um tiefer in die theologischen Grundlagen der Liturgie einzudringen. Bis heute gibt es kaum etwas Vergleichbares.

die altkirchlichen Liturgien, mit der Zeit in eher stilisierter Form (Umarmung, Weiterreichen einer zu küssenden „Pax-Tafel"). Nachdem er schließlich fast nur noch auf die Kleriker im levitierten Amt beschränkt blieb, hat die nachkonziliare Reform versucht, den Friedensgruß auch unter den Gläubigen wiederzubeleben.

● Sinn des Friedensgrußes an dieser Stelle ist eine Versicherung der rechten Gesinnung vor dem Kommunionempfang. Im Hintergrund steht die Mahnung Jesu in Mt 5,23f., Frieden mit dem Gegner zu schließen, bevor man die eigene Gabe zum Altar trägt.

Das Gebet, welches der Priester zur Einleitung spricht, erinnert allerdings daran, dass wir nie aus eigener Kraft „rein" vor Gott treten werden: „schau nicht auf unsere Sünden". Zum Glück müssen wir dies auch nicht, denn der „Glaube der Kirche", den wir teilen, ist unser eigentliches Verdienst, auf das wir uns voll Hoffnung berufen.

Frucht der Eucharistie sollen die großen Güter „Einheit und Frieden" für die Kirche sein. Sie bleiben Geschenke Gottes selbst, über die nicht wir verfügen, sondern er („nach deinem Willen").

↗ In der derzeitigen praktischen Umsetzung sind Zweifel angebracht, ob der allgemeine Friedensgruß der Idee gerecht wird, die mit ihm verbunden ist. Statt Vorbereitung auf die Kommunion bringt er nicht selten Unordnung und Verlust der Besinnung mit sich. Während am Altar schon das „Agnus Dei" beginnt, sind die Gemeindemitglieder oft noch beschäftigt, miteinander Kontakt aufzunehmen. Problematisch ist zudem, dass Händeschütteln in unserem Alltag kaum ein Zeichen der Friedenszusage, sondern eher unverbindlicher Begrüßung oder irgendeines Vertragsabschlusses ist – die (angedeutete) Umarmung wäre demgegenüber schon ein Fortschritt. Während die von manchen vorgebrachten hygienischen Argumente gegen das Händeschütteln eher lächerlich sind, wird der Zelebrant aus den genannten Gründen gewöhnlich besser darauf verzichten, den Austausch des Friedensgrußes einzufordern. Der intensive Zuspruch vom Altar aus bringt das Wesentliche genauso gut zum Ausdruck.

Brechung des Brotes und Agnus Dei (Lamm Gottes)

ⓘ Es folgt die Brechung der hl. Hostie in drei Teile. Ein kleines Stück wird in den Kelch eingesenkt, wobei der Priester um fruchtbringenden Kommunionempfang bittet. Währenddessen betet das Volk das Agnus Dei („Lamm Gottes").

📖 Ursprünglich hatte die Brechung der eucharistischen Speise tatsächlich die Funktion, geeignete Stücke für die Kommunion der Gläubigen vorzubereiten. Mit der Brechung der hl. Hostie in drei Teile wurden früh symbolische Überlegungen verknüpft (z.B. drei Teile der Kirche: streitende K. auf Erden – leidende K. im Fegefeuer – triumphierende K. im Himmel). In Rom war es zu alter Zeit üblich, aus dem päpstlichen Gottesdienst ein Stück der hl. Eucharistie (das sog. „fermentum") als Zeichen der Einheit in umliegende Kirchen zu senden, wo es in der dortigen Eucharistie dann in den Kelch gegeben wurde.

🗨 Schon die Hl. Schrift deutet auf das eucharistische Geschehen mit dem Ausdruck „Brechung des Brotes" hin (vgl. Lk 24,35; Apg 2,42): Es ist die Feier, aus der die christliche Gemeinde lebt und im heiligen Zeichen immer wieder die Bewegung der sich verschenkenden Selbsthingabe Christi mitvollzieht.

Das „geschlachtete Lamm" ist ein Bild für den geopferten Christus, das in der Johannesapokalypse vorkommt (5,6) und in der berühmten Gottesknecht-Weissagung des Buches Jesaja (Jes 53,7) vorgebildet ist. Um sein „Erbarmen" bitten

wir, damit der Kommunionempfang für uns heilsam wird
(„Frieden" für unsere Seele).

↗ Die Symbolik der Brechung und Vermischung kann uns
– gerade wenn wir um den geschichtlichen Hintergrund
wissen – an wichtige Wesenszüge der Eucharistie als ganzer
erinnern: Sie ist Sakrament der Einheit der Kirche. Jede
Eucharistiefeier geschieht in Einheit mit dem Bischof und
auch mit der ganzen Weltkirche, deren sichtbares Haupt der
Papst ist. Im Zentrum dieser Feier steht der für uns „gebro-
chene" Leib Christi, der Leib des sich opfernden Gottes-
lammes. Wie die Gestalten auf dem Altar symbolisch vereint
werden, so begegnet uns in der Kommunion der auferstan-
dene Herr, der uns Frieden mit Gott und untereinander
ermöglicht.

Kommunion und Communio-Gesang

ⓘ Der Priester bereitet sich nun auf den Kommunionempfang durch stilles Gebet vor, in dem er die eigene Unwürdigkeit bekennt und um Befreiung von Sünden bittet.
Anschließend zeigt der Priester die hl. Hostie dem Volk, das
mit dem Vers „Herr, ich bin nicht würdig ..." antwortet. Es
kommuniziert zuerst der Priester unter beiderlei Gestalten,
dann wird die Kommunion an das Volk ausgeteilt. Unter bestimmten Umständen ist auch Kelchkommunion für alle Teilnehmer gestattet. Die Kommunionausteilung kann vom
Kommuniongesang begleitet werden (Communio-Vers).

📖 Der im Laufe des Mittelalters reicher ausgestaltete
Kommunionempfang des Priesters (Kniebeuge, Kreuzzeichen, Begleitgebete) ist bei der letzten Reform vereinfacht
worden. Nachdem die Häufigkeit der Kommunion des Volkes aus Gründen der Ehrfurcht sehr zurückgegangen war
(oft nur noch an Hochfesten), hat Papst Pius X. zu Anfang

des letzten Jahrhunderts wieder zu regelmäßigerem Kommunionempfang aufgerufen.

✐ Indem der Priester zuerst die Kommunion empfängt und sie anschließend an die Mitfeiernden austeilt, wird sein Vorsteheramt und seine Christusrepräsentanz in der feiernden Gemeinde unterstrichen[64]. Da unter beiden Gestalten (Brot und Wein) Christus ganz und ungeteilt gegenwärtig ist, bedeutet die Kommunion unter nur einer Gestalt keinerlei „Verlust" für die Gläubigen. Die vehemente Forderung nach dem „Laienkelch" war dagegen in der Kirchengeschichte oft Kennzeichen häretischer Gruppierungen (z. B. in der Reformation).

↗ Über den Kommunionempfang und seine Spiritualität wird noch ausführlicher im Kapitel „Einzelfragen" dieses Buches gesprochen. Die Kommunion ist der Höhepunkt der persönlichen sakramentalen Christusbegegnung in der Messe: Der Herr selbst kehrt ein „unter mein Dach", von seinem „Wort" für mich darf ich das Heil meiner Seele erwarten. Jede Liebe sehnt sich nach Vereinigung; Gott schenkt sie uns, indem er sich uns zur Speise macht. In der Danksagung sollte darum vor allem das persönliche Gespräch mit dem Heiland seinen Platz haben (vgl. dazu die Anregungen im Gotteslob, 372–375). Ein Stillgebet des Priesters nach der Kommunion fasst zusammen, worum es uns dabei gehen muss: „Was wir mit dem Munde empfangen haben, Herr, das lass uns auch mit reinem Herzen aufnehmen, und aus dieser zeitlichen Gabe werde uns ein Heilmittel für die Ewigkeit."

---

[64] In diesem Punkt sind in vielen Pfarreien bedauerliche Missstände zu beobachten. Die Reihenfolge des Kommunizierens wird zur Frage persönlicher Wertschätzung hochstilisiert oder zum „Test für die Gleichberechtigung der Laien" erklärt.

Schlussgebet

ⓘ Nachdem die Kommunion ausgeteilt ist und die hl. Gefäße gereinigt sind, spricht der Priester mit ausgebreiteten Armen das Schlussgebet, in dem für die Gabe des Sakramentes gedankt und seine Fruchtbarkeit erbeten wird.

📖 Schon früh finden sich Mahnungen, nach dem Kommunionempfang den Dank abzuwarten – genauso früh gab es also die (zuweilen auch heute noch zu beobachtende) schlechte Gewohnheit, nach der Kommunion sofort die Kirche zu verlassen. Das dankende Lobgebet war in alter Zeit viel umfangreicher, als es dann später in der knappen römischen Gebetssprache festgeschrieben wurde.

✎ Im Schlussgebet wird der individuelle Dank nach dem Kommunionempfang vom Zelebranten im Namen der Kirche zusammengefasst. Viele schöne Aussagen über Wesen und Wirkung der Kommunion sind aus den Gebetstexten zu gewinnen. Sie wollen zur Überlegung anregen, was das große Geschenk der Christusgegenwart im Sakrament für unseren Alltag bedeuten könnte.

↗ Durch das Stehen beim Schlussgebet soll noch einmal unsere besondere Konzentration geweckt werden. Sehr unpassend ist darum an dieser Stelle (wie während aller Amtsgebete!) die Einblendung einer Liedanzeige, die zum Blättern statt zum Hören und Beten aufruft. Dies müsste vorher oder nachher geschehen.

Entlassung: Segen, Entlassungsruf, Auszug

ⓘ   Mancherorts werden an dieser Stelle Verlautbarungen vorgelesen. Es folgt der Segen, der mit einem „Gebet über das Volk" (besonders in der Fastenzeit) oder einem ausführlichen Vorspruch verbunden werden kann. Eine ausführlichere dreigliedrige Form hat der Bischofssegen. Nach dem Entlassungsruf des Priesters (bzw. Diakons) und dem Altarkuss verlässt der Zelebrant mit der liturgischen Assistenz in Prozession den Altar.

📖 Ursprünglich war mit dem Dankgebet die Feier beendet (vgl. die Karfreitagsliturgie, in der auch sonst viele uralte liturgische Elemente bewahrt sind). Aus der Bitte um den Segen des Bischofs vor seinem Fortgang bzw. als Vorbereitung vor der Kommunion hat sich allmählich der Schlusssegen in der Messe seinen festen Platz erobert. Der Schlussruf „Ite, missa est" war eigentlich nur eine nüchterne Ansage: „Geht, jetzt ist Entlassung – die Messe ist aus!"

🗨 Die Schlussriten bitten also um Geleit und Schutz für die Familie Gottes, die nun aus der unmittelbaren Gegenwart des Herrn den Weg zurück in den Alltag antritt: aus der Sammlung in die Sendung! „Das Opfer am Altar ist vollendet. Nun beginnt das Opfer im Leben. Derselbe Christus, der am Altare in dir betete, will nun in dir arbeiten, kämpfen, dulden, ertragen."[65] Alles kann nur durch, mit und in Christus gelingen. Das Kreuzzeichen schließt darum wie eine Klammer Anfang und Ende der Messe zusammen.

↗ In manchen Pfarreien hat man den Eindruck, der Entlassungsruf werde wie eine Art Startschuss zum Verlassen der Kirche aufgenommen. Dabei ist gerade jetzt noch Gelegenheit für einen Augenblick des stillen persönlichen Dan-

---

[65] Vgl. Josef Könn, Die heilige Messe (Essen 1949) 314.

kes oder für das Entzünden einer Kerze. Oft lohnt sich das Verweilen schon deshalb, weil ein guter Kirchenmusiker noch einmal alle Register seiner Orgel und seines Könnens zieht.

Kapitel 4

Konkrete Einzelfragen

Muss ich jeden Sonntag in die Kirche gehen?

Am Sonntag und an den anderen gebotenen Feiertagen sind die Gläubigen zur Teilnahme an der Messfeier verpflichtet", formuliert unmissverständlich das geltende Kirchenrecht (CIC 1983, can. 1247). Die „Sonntagspflicht", wie sie in klassischen Katechismen unter den fünf Kirchengeboten zu finden ist, hat also für einen Katholiken nichts an Relevanz verloren.

Schon die frühen Christen haben bewusst den Sonntag für die Messfeier gewählt: Als Tag der Auferstehung ist er dem Sakrament angemessen, das Begegnung mit dem auferstandenen Herrn verspricht und das Erwartung des ewigen Ostertages, Vorgeschmack des himmlischen Paschafestes, sein will. Der erste Tag der Woche (und das ist der Sonntag, nicht etwa der Montag!) wird zum „Herrentag", der den jüdischen Sabbat ablöst, weil sich an ihm die Neuschöpfung in Christus vollendet hat.

In den ersten Jahrhunderten herrschte noch das Bewusstsein vor, dass die sonntägliche Feier nicht lästige Pflicht, sondern eine Selbstverständlichkeit, froher Ausdruck der Würde des Getauften ist. Die gemeinsame Eucharistie, nicht eine Kirchensteuerliste, wurde als der eigentliche Ort begriffen, wo Gottes Volk sichtbar wird. Es war darum für die alte Kirche kein Mangel, sondern ein wichtiges Symbol, wenn an einem bestimmten Ort nur eine einzige Sonntagsmesse in der Gemeinschaft aller gefeiert wurde. Man wusste: In dieser Versammlung wird sichtbar, wer die persönliche Beziehung zu Jesus Christus sucht und wer sein eucharistisches Vermächtnis ernst nimmt: „Tut dies zu meinem Gedächtnis!"

Je mehr die christlichen Gemeinden anwuchsen, desto größer wurde freilich auch die Zahl der Säumigen. „Lasst uns nicht unseren Zusammenkünften fernbleiben, wie es einigen zur Gewohnheit geworden ist, sondern ermuntert einander", muss schon der Hebräerbrief mahnen (Hebr 10,25). Nachdem das Christentum im vierten Jahrhundert römische

Staatsreligion geworden war, tauchten neben der Einschärfung der Sonntagsruhe erstmals auch Verordnungen zu einer gottesdienstlichen Sonntagspflicht auf. Eine solche Verrechtlichung des eigentlich Selbstverständlichen ist wohl der Preis, den jede Gemeinschaft bezahlen muss, die eine gewisse Größe erreicht hat. Das Mittelalter bemühte sich um eine moraltheologische Grundlegung: Man deutete die Sonntagspflicht als Konsequenz des dritten Gebotes und betonte den Charakter der ernsten Verpflichtung. Viele Jahrhunderte lang gehörte seitdem der Messbesuch am Sonntag in den katholischen Gebieten zu den gesellschaftlich fest sanktionierten Gewohnheiten der Menschen. Die Älteren erinnern sich noch an lange und beschwerliche Fußwege, die sie vor allem in ländlichen Gebieten als Kinder mit ihren Eltern zurückgelegt haben, um an einer Sonntagsmesse teilnehmen zu können.

In unserer heutigen Zeit nun setzt die Teilnahme am Gottesdienst wie das Christsein überhaupt die bewusste Entscheidung des Einzelnen voraus. Wer aber die Entscheidung zum katholischen Glauben getroffen hat, wird auch heute noch den regelmäßigen Gottesdienstbesuch nicht nur als individuelle Pflicht gegenüber Gott, sondern ebenso als Pflicht gegenüber der Gemeinschaft der Kirche erkennen. Denn wie soll die Kirche im „Sakrament der Einheit" immer mehr zum geheimnisvollen Leib Christi zusammenwachsen, wenn sich die einzelnen Glieder verweigern? Wie soll die Gemeinde im Gotteslob Zeugnis ablegen vor der Welt, wenn die Stimmen der meisten Getauften stumm bleiben? Und wie soll in unserer Gesellschaft die umfassende Kultur des christlichen Sonntags, die durch veränderte Arbeitszeiten und gewandelte Freizeitgewohnheiten akut bedroht ist, gerettet werden, wenn sogar die Christen selbst das Zentrum des Sonntags, den Gottesdienst, aufgegeben haben?

Was ist von so genannten „priesterlosen Gottesdiensten" zu halten?

Im direkten Anschluss an die Bestimmungen zum Sonntagsgebot liest man im Kirchenrecht: „Wenn wegen Fehlens eines geistlichen Amtsträgers oder aus einem anderen schwerwiegenden Grund die Teilnahme an einer Eucharistiefeier unmöglich ist, wird sehr empfohlen, dass die Gläubigen an einem Wortgottesdienst teilnehmen, wenn ein solcher (...) gemäß den Vorschriften des Diözesanbischofs gefeiert wird"; andernfalls sollen sie sich in besonderer Weise dem persönlichen Gebet widmen (CIC can. 1248).

Ausdrücklich sind also priesterlose Gottesdienste nur für solche Notfälle vorgesehen, in denen der Messbesuch „unmöglich" ist. Es soll sichergestellt werden, dass auch ohne Messfeier der Sonntag seine geistliche Prägung behält, dass sich die Gemeinde versammelt und Christen gemeinsam beten.

Die „Empfehlung" der Teilnahme ist allerdings niemals mit der Verpflichtung zum Messbesuch gleichzusetzen. Bei ehrlicher Betrachtung der momentanen Situation in unserem Land wird man zum Ergebnis kommen, dass eine Notlage, wie sie der CIC beschreibt, praktisch nirgendwo auftritt. Das Angebot an Messfeiern in einem zumutbaren Umkreis ist zumindest in katholischen Gebieten noch immer ausreichend. Zudem hat die Mobilität der Menschen erheblich zugenommen: Wenn ihnen ein Ziel (etwa in der Freizeit) wichtig ist, nehmen sie frühes Aufstehen und weit längere Anfahrten in Kauf, als selbst in ländlichen Gebieten der Besuch einer Sonntagsmesse erfordern wird. Museen, Fußballplätze und Trödelmärkte jedenfalls leiden am Sonntagmorgen nirgendwo unter Besuchermangel. Für einen Christen ist die Feier der hl. Messe ein hohes Gut. Es lohnt sich, dafür Einsatz und Opfer zu bringen – Diasporakatholiken wissen das seit jeher. Natürlich ist es nicht ideal, wenn die Pfarrgemeinde zur „Fahrgemeinde" werden muss, und auch ein Priester wird in der Regel lieber dort zelebrieren, wo er wohnt. Aber es ist auch keine Katastrophe, wenn in der eigenen Kirche keine Messe mehr stattfinden kann. Immerhin wird in einer solchen Situation von allen Christen noch einmal ein ganz konkretes Zeugnis des „Aufbruchs" im Glauben gefordert. Und es wird einer Gemeinde Anlass gegeben, sich auch um diejenigen Schwestern und Brüder zu kümmern, die von sich aus wegen Krankheit oder fehlender Mobilität den Weg zur nächsten Kirche nicht bewältigen können. Gänzlich antikatholisch ist die Argumentation, es sei besser, die Gemeinde versammle sich sonntags in einem Wortgottesdienst, als dass sie sich zur Messfeier in die Nachbarkirchen zerstreue. Stattdessen gilt: Gemeinde ist dort, wo Eucharistie gefeiert wird. Pfarreien und andere örtliche Strukturen sind niemals göttlichen Rechts und haben sich stets veränderten Gegebenheiten anzupassen, wie sie etwa auch durch den Priestermangel bedingt sind. Immer in der Kirchengeschichte ist dies so gewesen. Keine Ortsgemeinde hat ein absolutes Recht darauf, dass bei ihr regelmäßig Messe gefeiert wird. Wenn außerdem häufig allein spießiger Lokalpatriotismus hinter der Weigerung steht, die hl. Messe in der Pfarrkirche des Nachbarorts zu besuchen, ist dies ein Armutszeugnis für Christen, denen alle Getauften Brüder und Schwestern sein sollten, und die wissen, dass ihre wahre Heimat allein im Himmel ist.

Man muss mancherorts zudem den Eindruck gewinnen, dass durch die vorschnelle Einführung priesterloser Gottesdienste an Sonntagen Kirchenbild und Messfrömmigkeit der Gläubigen großen Schaden erleiden – vor allem dann, wenn Laien oder ständige Diakone die Situation ausnutzen, um selbst in pseudo-priesterlicher Weise am Altar aktiv zu werden. Hier nutzt man die Krise aus, um die ersehnte „Demokratisierung" der Liturgie, die in Wahrheit ihre Protestantisierung ist, voranzutreiben. Ein Gottesdienst der Pastoralreferentin, den kein einfacher

Gläubiger mehr von einer „modernen" Messe unterscheiden kann, weil er bis auf die Wandlungsworte mit ihr identisch ist, richtet auf Dauer großen Schaden an. Ein deutliches Zeichen der Unterscheidung wäre schon damit erreicht, dass in priesterlosen Gottesdiensten generell keine Kommunion ausgeteilt würde.

Hat sich nach der Liturgiereform des Zweiten Vatikanischen Konzils alles geändert?

Der Anstoß zur Reform der römischen Liturgie gehört zweifelsohne zu den folgenreichsten Beschlüssen des Zweiten Vatikanischen Konzils (1962–1965). Nach einer breiten theologischen Diskussion in den vorangegangenen Jahrzehnten erarbeitete eine vorbereitende Kommission das Dokument, das nach einigen Veränderungen als erste Konzilskonstitution am 4. 12. 1963 unter dem Titel „Sacrosanctum Concilium" fast ohne Gegenstimmen von den Vätern angenommen wurde.

Das Konzil hat dabei keineswegs die spätere Liturgiereform als solche beschlossen, sondern eher *allgemeine Grundsätze* dafür formuliert. Darin werden u. a. Wünsche für die Haltung der Mitfeiernden (vgl. nächster Punkt) oder für eine angemessene Inkulturation der Liturgie (Anpassung an die konkreten Gegebenheiten eines Landes oder Kulturkreises) ausgesprochen. Daneben gibt der Text auch einige konkretere Anordnungen für die Reform der Messliturgie. Es heißt dort u.a.: Die Riten sollen überarbeitet, vereinfacht und am Maßstab der altkirchlichen Überlieferung ergänzt werden (SC 50); die biblische Leseordnung soll erweitert werden (SC 35/51), auf die Predigt soll größerer Wert gelegt werden (SC 35/52). Betont wird die Einheit der Messfeier und die Verbindung von Messe und Kommunionempfang (SC 55). Unter bestimmten Umständen will man die Kommunion unter beiderlei Gestalten sowie die Konzelebration der Priester ermöglichen (SC 55/57-58).

Wichtig sind die Aussagen des Textes, dass die Reformvorhaben „sorgfältig" (SC 21) durchzuführen sind, nicht eine Neuschöpfung, sondern ein „organisches" Wachstum der Liturgie anzielen (SC 23), und die Riten nur „unter treulicher Wahrung ihrer Substanz" (SC 50) verändert werden sollen. „Schließlich sollen keine Neuerungen eingeführt werden, es sei denn, ein wirklicher und sicher zu erhoffender Nutzen der Kirche verlange es" (SC 23). Allein diese vorsichtigen Einschränkungen bezeugen, dass die Konzilsväter nicht an eine totale Veränderung der Liturgie gedacht haben. Ebenso wenig dachte man an eine veränderte Liturgie auf dem Hintergrund eines veränderten Kirchenbildes – die Kirchenkonstitution wurde erst ein Jahr nach dem Text über die Liturgie verabschiedet. Eher ging es dem Konzil um eine pastoraldidaktische Reform, die den Gläubigen einen verbesserten Zugang zum heiligen Geschehen ermöglicht, verbunden mit einer inhaltlichen Korrektur an einzelnen Punkten der historischen Entwicklung. Die wenigen Gegenstimmen zum Liturgiedokument sprechen ebenfalls dafür, dass die Väter in diesem Text kein allzu großes Konfliktpotential erblickten.

Diejenigen konkreten Veränderungen, die später zu Recht als besonders gravierende Unterschiede zwischen „alter" und „neuer" Messe empfunden wurden – Zelebration am Volksaltar, weitgehendes Verschwinden der lateinischen Kultsprache, freie Gestaltungsmöglichkeiten, Erlaubnis der Handkommunion – sind in dieser Form allesamt nicht Anordnungen des Konzils selbst, sondern späterer Umsetzungsdokumente bzw. der revidierten liturgischen Bücher. Man denke beispielsweise an die Konzilsforderung: „Der Gebrauch der lateinischen Sprache soll in den lateinischen Riten erhalten bleiben"[66] und vergleiche damit die heutige

---

[66] SC 36 § 1. Dem korrespondiert SC 101 § 1: „Gemäß jahrhundertealter Überlieferung des lateinischen Ritus sollen die Kleriker beim

Realität in unseren Pfarreien, in denen lateinische Liturgie de facto verschwunden ist! Ob das die meisten Väter wollten, als sie die Liturgiekonstitution verabschiedeten? Immerhin ruft uns der Papst selbst im Apostolischen Schreiben zum Jubeljahr 2000 zur „Gewissensprüfung" auf, inwieweit auch in Fragen der Liturgie das Anliegen des Konzils tatsächlich verwirklicht worden ist[67]. Dass profilierte Konzilsbeobachter, die seinerzeit nicht gerade zur kurialistischen Partei gehörten, in der Rückschau ernste Zweifel an einer allseits gelungenen Umsetzung angemeldet haben, sei nur im Blick auf Prof. Hubert Jedin[68] oder Joseph Kardinal Ratzinger[69] vermerkt.

Gegen all jene aber, die meinen, jede Form moderner liturgischer Praxis oder eigenen vorauseilenden Gehorsams im Blick auf „das Konzil" rechtfertigen zu können, ist festzuhalten: Nichts in den Konzilsaussagen spricht dafür, dass – bei allen sicherlich gewollten neuen Akzentuierungen – das Wesen katholischer Liturgie, wie es etwa in früheren lehramtlichen Texten umrissen wurde, umdefiniert werden sollte. Die Bestimmungen des Zweiten Vatikanums sind darum wie alle Konzilstexte früherer Jahrhunderte in den Kontext der größeren kirchlichen Tradition einzuordnen und aus diesem heraus zu interpretieren. Die Väter selbst wollten ja *aus der Vergangenheit* einen Maßstab für die Liturgie von heute gewinnen.

Mit Recht hat Robert Spaemann deshalb bemerkt, es gebe nichts Dümmeres als die oft gehörte Parole, niemand dürfe „hinter das Konzil zurück": Entweder ist dieser Satz eine Banalität - im Sinne von: Man kann nicht die Zeit zu-

---

Stundengebet die lateinische Sprache beibehalten." Auch hier ist die Regel längst zur verschwindenden Ausnahme geworden.

[67] Vgl. Johannes Paul II., Tertio Millennio Adveniente, n. 36: „Wird die Liturgie, gemäß der Lehre von *Sacrosanctum Concilium*, als ‚Quelle und Höhepunkt' des christlichen Lebens gelebt?"

[68] Vgl. H. Jedin, Lebensbericht (Mainz ²1985) 220f.

[69] Vgl. J. Kard. Ratzinger, Aus meinem Leben. Erinnerungen (Stuttgart 1998) 172ff.

rückdrehen. Oder er ist falsch, wenn man meint, erst im Zweiten Vatikanum und nur hier werde die Offenbarung Gottes endgültig begriffen[70]. Denn eine solche Sicht ist durch die Texte des Konzils nicht gedeckt. Gegen diese Texte und ihren Wortlaut aber ist die Berufung auf einen ominösen „Konzilsgeist" unzulässig.

Weil die tatsächliche Umsetzung der Liturgiekonstitution durchaus anders – moderater, organischer, traditionsverbundener – hätte ausfallen können, ohne das Anliegen der Väter zu verfehlen, muss über die rechten Maßstäbe für zukünftige „Reformen der Reform" nachgedacht werden.

Was meint das Konzil, wenn es die „tätige Teilnahme" aller Gläubigen an der Liturgie wünscht?

Das Wort von der „tätigen Teilnahme" aller Gläubigen, das in der Liturgiekonstitution wie ein „Kehrreim" immer wieder vorkommt (vgl. SC 11; 14; 26; 48; 50), wird gerade von Befürwortern einer „modernen" Gottesdienstgestaltung häufig angeführt. Fast jede Aktion innerhalb des Gottesdienstes scheint gerechtfertigt, wenn man die Teilnehmer dadurch „besser einbezogen" glaubt. „Klerikerzentriert" ist dagegen für nachkonziliare Liturgie ein geradezu vernichtendes Urteil geworden.

Was hat das Konzil tatsächlich beabsichtigt? Die Väter sprechen an den genannten Stellen von drei Eigenschaften, die das liturgische Beten der Gläubigen prägen sollen: von „voller, bewusster und tätiger Teilnahme". Damit wird zunächst ein altes Anliegen der liturgischen Bewegung seit den 20er Jahren des letzten Jahrhunderts aufgegriffen: Die Gläubigen sollen, wenn sie zur Messe kom-

---

[70] Vgl. R. Spaemann, Was heißt Fortschritt?: PMT-Rundbrief (März 1991).

men, tatsächlich die Liturgie der Kirche mitfeiern und nicht, wie früher teilweise üblich, während der Messe anderen Andachtsformen nachgehen (z. B. den Rosenkranz beten). Sie sollen begreifen, was hier gebetet und gefeiert wird, nicht „wie Außenstehende und stumme Zuschauer beiwohnen", sondern „vielmehr durch die Riten und Gebete dieses Mysterium wohl verstehen lernen" (SC 48), auch in seinem Gemeinschaftscharakter. Um dieses – unumstritten wertvolle – Anliegen zu fördern, hat das Konzil eine Überarbeitung des Mess-Ordo angeregt, durch die u.a. gewährleistet werden sollte, dass jeder Teilnehmer an der Liturgie „nur das und all das" tut, was ihm nach seinem Stand in der Kirche zusteht (SC 28). Die hierarchische Ordnung der Liturgiefeier, der Unterschied zwischen dem „Liturgen" und den „Gläubigen", bleibt dabei in den Texten des Konzils selbstverständlich gewahrt (vgl. etwa SC 28)[71].

Doch die Beachtung der verschiedenen liturgischen Rollen ist nur *ein* Mittel zu jener umfassenden Vertiefung der liturgischen Bildung, um die es dem Konzil ging. Angezielt ist, „dass die Gläubigen mit recht bereiteter Seele zur heiligen Liturgie hinzutreten, dass ihr Herz mit der Stimme zusammenklinge und dass sie mit der himmlischen Gnade zusammenwirken, um sie nicht vergeblich zu empfangen" (SC 11). Hier greift die Kirche unserer Tage ein Anliegen auf, das schon die Kirche der ganz frühen Zeit, nämlich die „Zwölfapostellehre" des zweiten Jahrhunderts, formuliert hat (14,1): „Wer heilig ist, trete hinzu; wer nicht, tue Buße!" Auch das ist „tätige Teilnahme", wie die Konzilsväter sie wünschten!

---

[71] Vorsicht ist darum überall geboten, wo nur noch unterschiedslos die „Gemeinde" als Subjekt oder Träger von Liturgie genannt wird. Ein falsches Verständnis wird auch suggeriert, wenn etwa in einem Beichtspiegel des „Gotteslobs" (62,3) die Frage auftaucht, ob man eine Aufgabe als Lektor oder Kommunionhelfer übernommen habe – als ob irgendein Laie dazu unter Sünde verpflichtet sei!

Wo wird heute ein solcher Satz noch beachtet, wenn es um die „Gestaltung" der nächsten Kinder- oder Jugendmesse geht? Statt die Herzen der Adressaten vorzubereiten, z.B. durch gute Katechese, durch Hinführung zur Beichte etc., glaubt man, alles hänge von einer bestimmten äußeren Form des Gottesdienstes ab, die man entsprechend zu frisieren sucht. Am Ende ist der Schaden meist größer als der Nutzen: Selbstzweclicher Aktivismus, die bloße Anzahl von Redebeiträgen oder gar der Unterhaltungswert sind gänzlich ungeeignete Beurteilungskriterien für katholische Liturgie. Man zerstört sie vielmehr, indem man scheinbar gefällige Formen und Kommunikationsstrukturen produziert, ohne die Vorbereitung der Teilnehmer und die Aussage der liturgischen Texte selbst zum Maßstab zu machen. Bei der Vorbereitung von Hochzeitsgottesdiensten kann man als Priester zuweilen den ernüchternden Eindruck bekommen, das einzige „liturgische Erbe", das die jungen Eheleute aus ihrer kirchlichen Jugendzeit mitbringen, ist das seichte Liedgut der Katholikentage und die selbstverständliche Erwartung, die Texte der Liturgie so umschreiben zu dürfen, bis sie die eigene Zustimmung finden.

Fassen wir zusammen: Im Konzilstext wird klar ausgedrückt, dass alles „Äußere" der Liturgie (auch die Reform dieser Außenseite) nach „innen", zur vertieften Frömmigkeit und zum verstehenden Schauen führen muss, wenn es seinen Zweck erfüllen will[72]. Wo immer *dieser* Mitvollzug gefördert wird, ist „tätige Teilnahme" erreicht.

Ein aufmerksamer Leser oder konzentrierter Musikhörer ist um vieles aktiver als ein lauter Marktschreier, der redet, ohne zu denken, oder ein gedankenloser Fließbandarbeiter, der unaufhörlich monotone Handgriffe verrichtet. Ähnliches gilt in der Liturgie: Sie lebt nicht bloß von hörbarer Wortproduktion und äußerlicher Verständlich-

---

[72] Vgl. J. Ratzinger, Das Fest des Glaubens (Einsiedeln ³1993) 79ff.

keit, sondern will uns zur Kontemplation führen, d.h. zum Erkennen Gottes in der Liebe[73]. Lieben aber, so sagt ein schönes Wort von Saint-Exupéry, bedeutet nicht, sich gegenseitig anzuschauen, sondern gemeinsam in dieselbe Richtung zu schauen. Genau dieses „Tun" müssen wir in der hl. Messe lernen: unsere Blicke immer mehr eins werden zu lassen im liebend anbetenden Blick zum Altar.

Ist die Messe nicht zu langweilig?

Wir leben in einer Gesellschaft, die sich selbst als „Erlebnisgesellschaft" definiert. Für viele Zeitgenossen sind die Eigenschaftsworte „lustig" und „langweilig" bei der Beurteilung eines Sachverhalts längst wichtiger geworden als „richtig" und „falsch", als „gut" und „böse". Etwas findet dann Zustimmung, wenn es für den Einzelnen unmittelbar mit einer positiven subjektiven Erlebnisqualität verbunden ist. Dies gelingt dann am einfachsten, so hat die Kommunikationsindustrie längst begriffen, wenn die sinnlichen Reize in einer möglichst raschen Abfolge an den Konsumenten herangetragen werden. Informationen werden, etwa im Fernsehen, nur noch in leicht verdaulichen Mini-Portionen übermittelt. „Und bist du noch so fleißig, es bleibt dir nur eins-dreißig", lautet mittlerweile die Zeitregel der Journalisten – denn wenn nicht nach kurzer Zeit ein Schnitt kommt, schalten die Leute weg.
Es leuchtet ein, dass unter diesen Vorgaben die Feier der Liturgie, die Wiederholung eines immer gleichen Ritus, wie ein Relikt aus der medialen Steinzeit wirkt. Für den modernen Menschen, der zwar gelernt hat, viele Informationen in kürzester Zeit aufzunehmen, aber sich nicht mehr eine längere Weile einem einzelnen Gegenstand widmen,

---

[73] Vgl. J. Maritain, Der Bauer von der Garonne. Ein alter Laie macht sich Gedanken (München 1969) 217.

ja sich vielleicht sogar meditierend in ihn versenken kann, scheint hier das Gefühl der Langeweile unvermeidlich. Allerdings müssen selbst die auf höchste „Lebendigkeit" bedachten Liturgiegestalter erkennen, dass ihre bemühten Maßnahmen auf Dauer die Kirchen nicht füllen. Als Entertainment bleibt die heilige Messe ein Flop, und die Leute, die unterhalten werden wollen, zappen rasch dorthin weiter, wo es wirklich lustig ist. Das Problem scheint tiefer zu liegen.

So mag die Frage erlaubt sein: Ist Langeweile wirklich nur eine Schwierigkeit des modernen Zeitgenossen? Schon im siebzehnten Jahrhundert stellte der große Philosoph Blaise Pascal fest, „dass das ganze Unglück der Menschen aus einem einzigen Umstand herrühre, nämlich, dass sie nicht ruhig in einem Zimmer bleiben können". Und realistisch fügt er hinzu: „Das einzige Gut der Menschen besteht also darin, dass sie von den Gedanken an ihre Lage abgelenkt werden, und das entweder durch eine Beschäftigung, die sie davon abbringt, oder durch irgendeine angenehme und neue Leidenschaft, die sie ausfüllt, oder auch durch das Spiel, die Jagd, irgendein anziehendes Schauspiel und schließlich durch jenes, was man Zerstreuungen nennt."[74] Was uns den Zugang zum Gottesdienst erschwert, gehört also in seinem innersten Kern zur Lage des Menschen überhaupt: Er will vor sich und der Wirklichkeit flüchten in den Schein angenehmer Erlebnisse. Wir erfahren das Problem nur deshalb verstärkt in unserer Zeit, weil im Zuge unseres materiellen Wohlstands das Zerstreuungsangebot ins Unermessliche angewachsen ist: Durch einen gigantischen Unterhaltungsapparat kann sich der Mensch fast jede freie Sekunde mit Ablenkung zuschütten lassen. Umso schwerer tut man sich im Gottesdienst, wo die gewohnte multimediale Berieselung fehlt.

---

[74] Pascal, Gedanken, übers. von U. Kunzmann (Leipzig 1987) 69f.

Sicherlich ist die Kirche bei der Feier ihrer Liturgie stets bis zu einem gewissen Grad dem Menschen in seiner bedauernswerten Verfasstheit entgegengekommen. Liturgie, so haben wir schon im ersten Teil dieses Buches festgehalten, ist *auch* sinnliches Erlebnis, ästhetisches Ereignis, gefällige Darstellung. Sie war dies im geistlichen Schauspiel des Mittelalters wie in den bunten Inszenierungen der Barockzeit, und sie darf und soll es auch heute sein.

Daneben aber hat die Liturgie dem Menschen immer auch das Andere zugemutet: die Konfrontation mit der „nackten" Wirklichkeit der göttlichen Majestät wie des eigenen Menschseins. All das ist manchmal zu wahr, um schön zu sein, und zu beständig, um in ständiger Veränderung unsere Sinne zu kitzeln. Wie die Religion als ganze nach dem Wort eines modernen Theologen stets „Unterbrechung" ist, so auch die Liturgie. Sie reißt uns aus den Cyber-Welten des schönen Selbstbetrugs heraus und spricht uns von einer objektiven Wahrheit jenseits unserer derzeitigen subjektiven Befindlichkeiten. Neben dem prächtigsten Hochamt steht darum in der klassischen Liturgie die stille Messe, die an Nüchternheit und Verzicht auf sinnliche Reize kaum zu übertreffen ist. Neben den wechselnden Worten und Formen steht die beständige Wiederholung, die wir ertragen müssen, wie wir die Unwandelbarkeit der Wahrheit zu ertragen haben, obwohl wir sie oft lieber im Sinnentaumel vergessen würden. Und neben dem Wort ist nicht zuletzt das Schweigen ein Ort, wo Gott zum Menschen spricht, auch wenn dieses Schweigen zunächst als leer, bedrohlich oder eben langweilig empfunden werden mag.

Welche Konsequenz kann man aus alldem ziehen? Wer Liturgie feiert, muss zunächst ein wenig Abstand von sich selbst und seinen momentanen emotionalen Befindlichkeiten nehmen. Es kommt gar nicht darauf an, ob wir persönlich immer wohlige und erhebende Gefühle empfinden, wenn wir der hl. Messe beiwohnen. Chesterton hat einmal provokativ, aber treffend über derartige Erwartungen gesprochen, die mancher in der Begegnung mit Gott befriedigt finden will: „Andacht in der tristen und feinsinnigen Bedeutung des Begriffes ist eine Haltung, derer nur Ungläubige fähig sind. Dieses schöne Schummerlicht wird man bei Euripides, bei Renan, bei Matthew Arnold antreffen, nicht aber bei Menschen, die gläubig sind – da findet man nur Lachen oder Krieg. Mit dieser Art von Andacht kann ein Mensch nicht der Wahrheit begegnen, die so hart wie ein Stein ist; Andacht können Menschen nur einer schönen Lüge beweisen.“[75] Liturgie aber ist Begegnung mit der Wahrheit. Darum haben selbst „fromme" oder „andächtige" Emotionen in ihr keine wesentliche Bedeutung. Von all diesen subjektiven Kriterien sollte man sich auf Dauer freimachen. Viel wichtiger ist ein entschlossener Wille, der den Anspruch Gottes bejaht, und ein klarer Verstand, der im Licht der Wahrheit steht. Am wichtigsten ist eine ehrliche, nüchterne Liebe zum Herrn, die mehr ist als Sentimentalität und Schwärmerei. „Die Messe ist lang, sagst du, und ich füge hinzu: weil deine Liebe kurz ist.“[76]

Wer mit den richtigen Grundhaltungen des Herzens zur Messe hinzutritt, wird von ihr weder schöngeistige Erbauung noch heiteres Amüsement erwarten. Er weiß, dass selbst große Heilige Phasen der Trockenheit und Leere im Dienst vor Gott zu durchleben hatten. Gefühle der Langeweile oder Ablenkung erschüttern ihn ebenso wenig, wie ihn momentane schöne Empfindungen überschwänglich werden lassen. Liturgie ist gerade so ein Stück christlicher „Befreiung vom Ich". Sich dieser Formung auszusetzen, mag für uns Menschen der subjektivistischen Erlebnisgesellschaft zunächst wie eine Qual erscheinen. In Wahrheit ist es ein Schritt auf dem Weg zur Erlösung.

---

[75] G. K. Chesterton, Ketzer. Eine Verteidigung der Orthodoxie gegen ihre Verächter (Frankfurt/M. 1998) 89.

[76] Hl. Josemaria Escrivá, Der Weg, n. 529 (Köln 1982) 128.

Was kann ich konkret für eine fruchtbarere Teilnahme an der Messfeier tun?

Wenn wir gesagt haben, dass die jeweilige emotionale Gestimmtheit des Einzelnen nicht zum Maßstab für die Bewertung des Gottesdienstes erhoben werden darf, so meint dies natürlich nicht, dass wir darauf verzichten sollen, unsere persönliche Teilnahme immer fruchtbarer werden zu lassen. Im Gegenteil: Gerade eine tiefe liturgische Bildung verhindert die falsche Fixierung auf kurzfristige Erlebnisse. Im Folgenden sollen einige ganz konkrete Vorschläge aufgeführt werden, die helfen können, die Liturgie der Kirche immer besser „von innen" her kennen zu lernen.

(1) Zu empfehlen ist an erster Stelle der bewusste Mitvollzug der Messtexte selbst. Eine große Hilfe dafür ist immer noch das Schott-Messbuch, das zumindest für die Sonntage eine Anschaffung darstellt, die jedem Katholiken empfohlen werden kann (drei Bände für die Lesejahre A, B und C). Wer sich die Zeit nimmt, vielleicht am Vorabend der Sonntagsmesse eine Viertelstunde lang die jeweiligen Gebete und Lesungen zu meditieren, wird in der Messe eine ganz neue Aufmerksamkeit entwickeln. Manche Bistumsblätter und katholische Zeitungen (z. B. „Die Tagespost") veröffentlichen zudem im Voraus eine Meditation zu den biblischen Texten des Sonntags, die bei der Einstimmung helfen kann. Ebenso mag man einen geistlichen Bibelkommentar oder eines der zahlreichen Betrachtungsbücher hinzuziehen, die es zu den Sonntagslesungen gibt[77]. Selbst das Internet hat mittlerweile ein ansehnliches Angebot spiritueller und liturgischer Inhalte.

(2) Da niemand in jeder Messe die ganze Fülle ihrer

---

[77] Z. B. H. Urs von Balthasar, Licht des Wortes. Skizzen zu allen Sonntagslesungen (Einsiedeln [2]1992).

Worte und Symbole erfassen kann und soll, fördert es den Mitvollzug, wenn man sich auf bestimmte Aspekte des Geschehens konzentriert.

- So könnte man sich vornehmen, einmal besonders die anbetenden (dankenden, bittenden, ...) Teile und Texte der Messe zu suchen, auf die Nennung des Namens Christi (des Vaters, des Hl. Geistes) zu achten oder einzelne Schlüsselworte des Glaubens im Gottesdienst bewusst wahrzunehmen (Gnade, Heil, Friede, ...).

- Der Vorschlag des hl. Ignatius von Loyola, sich bei der Betrachtung biblischer Texte ganz plastisch mit der eigenen Phantasie in die Szene hineinzudenken, kann uns auch in der Liturgie helfen (z. B.: das Tagesevangelium mit dem Ohr eines Jüngers, eines Pharisäers, eines Geheilten ... zu hören versuchen; sich während des Hochgebetes in den Kreis der Apostel im Abendmahlssaal begeben; bei der Wandlung unter dem Kreuz stehen und dessen Holz umklammern; im Augenblick der hl. Kommunion mit Maria Magdalena den Auferstandenen anschauen ...). Hier kann auch noch die früheren Jahrhunderten so liebe „allegorische Messdeutung" einen Platz in unserer Frömmigkeit behalten: Die einzelnen Teile der Messe werden mit dem Ablauf des Lebens Jesu bzw. der Passionsgeschichte verknüpft und so meditiert.

- Mancher wird geistlichen Gewinn darin finden, die einzelnen Teile der Messe mit ganz konkreten Geschehnissen im Alltag der vergangenen Tage in Verbindung zu bringen (Schuldbekenntnis: Wofür muss ich *heute* Gott um Vergebung bitten? Fürbitten: Beschäftigt mich noch etwas aus den gestrigen Nachrichten, das ich Gott besonders anempfehlen möchte? Opferbereitung: Welches persönliche Anliegen möchte ich mit auf den Altar legen? usw.). Selbst manche Ablenkung durch Alltagsgedanken, die uns nicht loslassen, kann so in Gebet verwandelt werden.

- Zu wenig Beachtung finden oft die Texte der im Gottesdienst gesungenen Lieder. Statt nach Verklingen des letzten Tones das „Gotteslob" sofort zuzuschlagen, könnte man eine Strophe, die das eigene Herz besonders berührt hat, zur stillen „Begleiterin" durch die ganze Messe erwählen.

(3) Sehr zu empfehlen ist die Betrachtung der heiligen Zeichen und Symbole des Gottesdienstes, mit der wir die liturgische Grundbewegung „vom Sinnlichen zum Geistigen" immer wieder mitvollziehen können. Hier helfen einfache Fragen: Was tue ich eigentlich, wenn ich im Gottesdienst stehe, sitze, knie, schreite, die Hände falte oder mir an die Brust schlage? Wie tue ich es? Könnte ich es einmal bewusster tun? Verstehe ich die Sprache der elementaren Symbole im heiligen Geschehen: des Wassers, der Flamme, des Weihrauchs, des Glockenklangs, der goldenen Gefäße oder des weißen Tuchs? Was Romano Guardini vor vielen Jahrzehnten „Von heiligen Zeichen" geschrieben hat, lohnt auch heute noch unbedingt die Lektüre.

(4) Weiterhin vermag die Beschäftigung mit dem historischen Werden der Messliturgie zum Weg für ein besseres Verstehen und erfüllteres Mitfeiern werden. Da die Messe ein Haus ist, an dem viele Generationen mitgebaut haben, ist das Kennenlernen der Liturgiegeschichte zugleich Einführung in das Wesen katholischen Gottesdienstes. Wer mehr erfahren will, als dieses Buch mitteilen kann, sei auf die (allgemein verständlichen) Schriften des früheren Kölner Seminarprofessors Theodor Schnitzler[78] oder auf die entsprechenden liturgiewissenschaftlichen Standardwerke[79] verwiesen.

---

[78] Vor allem: Theodor Schnitzler, Was die Messe bedeutet (Freiburg-Basel-Wien), viele Auflagen.

[79] Z. B. J. A. Jungmann, Missarum Sollemnia. 5. Aufl. (Freiburg 1962); H. B. Meyer, Eucharistie. Geschichte, Theologie, Pastoral = Gottesdienst der Kirche, Teil IV (Regensburg 1989); M. Kunzler, Die Liturgie der Kirche = AMATECA 10 (Paderborn 1995).

(5) Besser noch als unser Verstand sollte unser Herz vorbereitet sein, wenn wir zur Messe kommen. Viele Menschen gehen heutzutage regelmäßig zur Kommunion, ohne echte Gewissenserforschung zu betreiben und regelmäßig das Bußsakrament zu empfangen. Hier gilt nach wie vor die ernste Mahnung des Apostels Paulus: „Wer unwürdig von dem Brot isst und aus dem Kelch des Herrn trinkt, macht sich schuldig am Leib und am Blut des Herrn" (1 Kor 11,27). Auf dem Weg zur Kommunionbank darf es keinen Herdentrieb und keine lässige Gleichgültigkeit geben. Wer durch einen objektiven Grund am Kommunionempfang gehindert ist (z. B. als zivil Wiederverheirateter nach einer Ehescheidung, aber auch durch jede andere schwere Schuld, die noch nicht vergeben ist), erweist dem Herrn dadurch Ehre, dass er so lange dem Sakrament (nicht der Messe!) fern bleibt, bis das Hindernis ausgeräumt ist. Aber auch sonst hat die alte Übung einer „geistlichen Kommunion" nichts an Bedeutung verloren. Wer hin und wieder bewusst auf den sakramentalen Kommunionempfang verzichtet, um sich stattdessen mit dem eucharistischen Christus durch einen Akt des Glaubens zu verbinden, wird beim nächsten Mal das Sakrament selbst noch mehr lieben und schätzen. Auch außerhalb des Gottesdienstes, mitten im Alltag, kann diese geistliche Kommunion unsere Christusbeziehung vertiefen.

(6) Einige weitere konkrete Hilfen zu Aufmerksamkeit und guter Vorbereitung beim Kommunionempfang gibt uns das kirchliche Gesetzbuch (CIC).
- So erlässt die Kirche auch weiterhin ein Nüchternheitsgebot (CIC Can. 919). In seiner heutigen Form, die gegenüber früheren Zeiten stark eingeschränkt ist, verbietet es Essen und Trinken innerhalb einer Stunde vor dem Kommunionempfang (mit Ausnahme von Wasser und Arznei; ganz be-

freit sind Alte und Kranke). Wir sollen das hl. Sakrament von allen irdischen Speisen, die wir zu uns nehmen, unterscheiden.

- Wer die hl. Eucharistie an einem Tag bereits empfangen hat, darf dies am selben Tag höchstens noch ein zweites Mal tun, aber nur in einer hl. Messe (CIC Can. 917). Allerdings ist es ratsam, von dieser Erlaubnis in der Regel keinen Gebrauch zu machen, da das fromme Erleben der Christusbegegnung dadurch eher geschmälert wird.

- Neben dem Empfang der hl. Eucharistie wird im kirchlichen Gesetzbuch ihre Verehrung im Tabernakel bzw. bei Aussetzungen und Prozessionen inständig empfohlen[80]. Wo das Sakrament auch außerhalb der Messe anbetend meditiert wird, da wird das Verständnis dieses großen Geheimnisses erneuert, die persönliche Beziehung zum eucharistischen Herrn gestärkt und so gedankenloser Routine beim Kommunionempfang vorgebeugt.

In welcher Weise soll man die Kommunion empfangen?

Die Frage nach der konkreten Art des Kommunionempfangs stellt für die meisten Katholiken in Deutschland heute kein Thema mehr da, über das man diskutiert oder nachdenkt. Sicherlich mehr als 95% der Gottesdienstbesucher in normalen Pfarrgemeinden empfangen die hl. Kommunion in die Hand, und Gläubige, die aus früherer Gewohnheit oder aus bewusster Entscheidung die Mundkommunion vorziehen, werden nicht selten als liturgische Sonderlinge und komische Exoten betrachtet.

Was sagt der Blick in die Geschichte? Bis 1969 gab es rund 1000 Jahre lang keine Handkommunion in der Kirche des

---

[80] Z. B. CIC Cann. 937, 942, 944.

Westens oder Ostens. Die Kirche sah in der Mundkommunion ein wichtiges Mittel, um Ehrfurcht und Demut der Gläubigen beim Empfang der Kommunion zu fördern, Verunehrung und Verlust von Teilen (Partikeln) der hl. Hostie zu vermeiden und den Unterschied zwischen Priestern und Laien im Umgang mit dem Altarssakrament zum Ausdruck zu bringen.

Nachdem in der Zeit des Zweiten Vatikanums und danach in einigen Ländern (z. B. Holland) die Handkommunion in vorauseilendem (Un-)Gehorsam praktiziert worden war, erließ Papst Paul VI. am 29. Mai 1969 die Instruktion „Memoriale Domini". Darin spricht er sich grundsätzlich für die Beibehaltung der traditionellen Praxis aus, nachdem in einer Befragung eine deutliche Mehrzahl der Bischöfe eine Zulassung der Handkommunion abgelehnt hatte. Allerdings gibt er den Bischofskonferenzen die Möglichkeit, beim Hl. Stuhl für ihr jeweiliges Land die Erlaubnis der Handkommunion zu beantragen. Wie die Gottesdienstkongregation noch vor kurzem klargestellt hat, handelt es sich dabei um ein Indult, d. h. eine außerordentliche Erlaubnis in Abweichung von der allgemeinen Norm (vgl. Notitiae 392-393/1999).

Zugunsten der Handkommunion wurde von ihren Befürwortern vorgebracht, dass sie besser dem Kirchenverständnis des Konzils entspreche, den Mahlcharakter der Messe deutlich werden lasse, die Mündigkeit des Laien ernst nehme und vor allem der frühen Praxis der Kirche entspreche, die bis an die Schwelle des Mittelalters die Handkommunion praktiziert habe. Jedenfalls holten praktisch alle Bischofskonferenzen der westlichen Welt in der Folgezeit in Rom die genannte Erlaubnis ein, und die Handkommunion trat ihren Siegeszug an. Manche Gemeinden wurden gegen jede kirchliche Vorschrift von ihren Priestern geradezu zur neuen Form genötigt, und der Gruppendruck gegen die angeblich „Ewiggestrigen", die nicht mitziehen wollten, besorgte den Rest.

Welches Fazit lässt sich ziehen? Sicherlich gibt es viele

Gläubige, die persönlich ebenso fromm und gläubig die Kommunion in die Hand empfangen wie in den Mund. Wenn auch die Handkommunion in der frühen Kirchengeschichte wahrscheinlich anders aussah als heute[81], existiert ein Traditionsbeleg dafür, dass diese Weise der Kommunionspendung nicht *grundsätzlich* falsch oder sogar sündhaft sein kann, wie vereinzelt behauptet worden ist. Hier gilt: Die innere Bereitung ist allemal wichtiger als der äußere Ritus.

Allerdings darf man sich nach 30 Jahren der veränderten Praxis nicht scheuen, nüchtern Bilanz zu ziehen. Die Handkommunion hat weder die Ehrfurcht der Gläubigen vertieft noch ihr Verständnis für die Eucharistie gefördert. Stattdessen wurde bei vielen Menschen der Eindruck verstärkt, dass die Kommunion ein profanes „Essen" wie jedes andere und der eucharistische Leib ein „Stück Brot" wie jedes andere sei. Als Priester ist man oft tief betrübt, wenn man erleben muss, dass Christen mit „lässiger" Händehaltung vor den Altar treten und die hl. Hostie ohne jede sichtbare Regung der Frömmigkeit zum Mund führen, als handele es sich um irgendeine Süßigkeit. Vom Glauben an die wirkliche Gegenwart des Herrn ist dann nicht mehr viel übrig, obwohl jeder Kommunizierende ihn mit seinem „Amen" (= „So ist es! Ja!") bekräftigen soll.

In dieser Situation ist es ein sehr bewusstes Zeichen, wenn Gläubige zur Mundkommunion zurückkehren. Dass man damit in den heutigen Gemeinden zu einer Minderzahl gehört, sollte im Blick auf die lange Tradition, auf die man sich berufen kann, wenig stören. Niemand braucht sich für die Mundkommunion zu rechtfertigen, denn sie ist eigentlich „das Normale" für einen Katholiken. Jeder hat ein Recht darauf, die Kommunion so empfangen zu dürfen. Wenn andere Gottesdienstbesucher

---

[81] So gab es die Verhüllung der Hände durch ein Leinentuch und die unmittelbare Aufnahme der hl. Speise mit dem Mund aus der rechten Hand, so dass ein Greifen der Kommunion vermieden wurde.

oder sogar Priester dazu Fragen stellen, braucht man dies nicht sofort als persönlichen Angriff zu verstehen, sondern bekommt die Chance, vom eigenen eucharistischen Glauben gewinnend Zeugnis abzulegen. Die Priester schließlich sollten in der Katechese mit Kindern die Mundkommunion nicht verschweigen, sondern sie ebenfalls mit ihnen einüben. Wie in allen Bereichen der Erziehung wird allerdings auch hier das Beispiel der Eltern ausschlaggebend sein.

Sind Messintentionen noch zeitgemäß?

In den meisten Pfarrgemeinden hierzulande ist die „Bestellung" einer Messe in einem bestimmten Anliegen, für Lebende oder Verstorbene, und die Entrichtung eines festgelegten „Messstipendiums" (in Deutschland meist EUR 5,–) noch eine selbstverständliche Gewohnheit. Allerdings muss immer wieder an das theologische Fundament und die praktisch-kirchlichen Regelungen für die Messintention erinnert werden, damit es nicht zu Fehlhaltungen kommt.

Zwei Missverständnisse sind dabei auf jeden Fall zu vermeiden. Zum einen sollte klar sein: Das, was die hl. Messe bewirkt, ist ein geistliches Gut, das in gar keiner Weise „käuflich" ist. Wer eine Messe feiern lässt, bezahlt nicht für deren Gnade und Wirkungen. Zum zweiten darf nicht der Eindruck erwachsen, als sei die Feier der Messe durch die besondere Intention etwas „Privates" geworden. Demgegenüber ist festzuhalten, dass das Kreuzesopfer Christi für alle Menschen dargebracht wurde und dass entsprechend die hl. Messe als Vergegenwärtigung des Kreuzesopfers ebenfalls das Heil der ganzen Menschheit zum Ziel hat – die Messtexte sprechen davon in aller Deutlichkeit.

Worum geht es aber dann beim Messstipendium? Verschiedene Faktoren haben zu seiner Entstehung geführt. Von Anfang an haben Christen versucht, in die Bewegung des

Opfers der hl. Messe dadurch einzustimmen, dass sie als Zeichen der inneren Hingabe selbst eine sichtbare Opfergabe beigetragen haben. Dafür reiht sie der Priester ausdrücklich in die Gemeinschaft derer ein, die das Opfer darbringen, und weist vor Gott auf ihre Anliegen hin. Dies belegt der Text des römischen Messkanons: „Gedenke deiner Diener und Dienerinnen ... für sie bringen wir dieses Opfer des Lobes dar, und sie selber weihen es dir für sich und für alle, die ihnen verbunden sind ..." Dass zudem die Lebenden immer auch für ihre lieben Verstorbenen beten, damit diese bald in Gottes Herrlichkeit aufgenommen werden, bedarf ebenso wenig einer Erklärung und findet gleichfalls im Text des Kanons seinen Niederschlag.

Hinter all dem steht die christliche Grundüberzeugung, dass die hl. Messe eine objektive Wirkung bei Gott hat, weil sie nichts anderes ist als das Opfer Christi selbst, von dem wir wissen, dass es dem Vater wohlgefällig war. Weil aber dieser Vater im Himmel die Gebete jedes einzelnen Menschen erhört und weil wir als Gotteskinder in Jesus Christus mit all unseren persönlichen Anliegen zu ihm kommen dürfen, ist es geradezu selbstverständlich, dass die Feier der Messe mit konkreten menschlichen Anliegen verknüpft wird. Wie also die Feier der hl. Messe in allgemeiner Form immer der Gesamtheit der Gläubigen zugute kommt, so kann ihre Wirkung auch in besonderer Weise Einzelnen zugewendet werden. In der späteren Theologie wurde dieser Grundgedanke in der Lehre von den „Früchten" des Messopfers vertieft und entfaltet.

Als im Laufe der Kirchengeschichte die Opfer der Gläubigen während des Gottesdienstes zurückgingen, trat an ihre Stelle das Messstipendium, d.h. ein Geldbetrag, der wie ein Almosen an den zelebrierenden Priester gegeben werden konnte. Dieser verpflichtete sich durch die Annahme dazu, das hl. Opfer für den Spender oder nach seiner Meinung für Lebende oder Verstorbene darzubringen. Obgleich also das Messstipendium seinem Ursprung nach eine Gabe für den

Gottesdienst war, verwundert es doch nicht, dass, unter Berufung auf ein Wort des Apostels Paulus[82], daraus faktisch mit der Zeit eine Unterstützung des zelebrierenden Priesters wurde. Noch heute leben viele Priester in ärmeren Ländern von diesem Opfergeld. Um Missbräuchen vorzubeugen, hat die Kirche strenge Richtlinien zum Stipendienwesen erlassen, die z.B. festlegen, dass für jede Messe nur ein Messstipendium vom Priester behalten werden darf und „überzählige" Stipendien an andere Zelebranten weiterzuleiten sind.

So steht die Bedeutung des Messstipendiums auch für unsere Zeit außer Frage. Wenn wir das hl. Opfer in einem bestimmten Anliegen oder für bestimmte Gläubige darbringen lassen, drücken wir damit unseren Glauben an den Wert der hl. Messe als einer wirksamen Bitte im Namen Jesu aus. Wir bekennen uns zum lebendigen Austausch der Gnade in der Gemeinschaft der Heiligen, die Lebende und Verstorbene umgreift. Die Messfeier in unseren Anliegen hilft uns, immer mehr selbst zu Mitopfernden zu werden, die wissen, dass sie ein Teil dessen sind, was am Altar vollzogen wird.

Traurig wäre es dagegen, wenn jemand nur deswegen eine hl. Messe feiern lässt, um vor Nachbarn oder Verwandten seine Sorge um einen bestimmten Verstorbenen zur Schau zu stellen. Eine solche veräußerlichte Haltung, die sich z. B. darin ausdrückt, dass man unbedingt auf einer namentlichen Nennung der Intention während der Messfeier besteht, bewegt sich in bedenklicher Nähe zur Heuchelei.

---

[82] 1 Kor 9,13: „Wisst ihr nicht, ... dass alle, die am Altar Dienst tun, vom Altar ihren Anteil erhalten?"

Gibt es Kommuniongemeinschaft zwischen Katholiken und Protestanten?

Im Zuge der Dialogbemühungen zwischen Katholiken und Protestanten, wie sie jüngst etwa im Zusammenhang mit der „Gemeinsamen Erklärung zur Rechtfertigungslehre" deutlich geworden sind, wird immer wieder die Forderung nach einer gemeinsamen Feier der Eucharistie bzw. wenigstens der gegenseitigen Kommuniongemeinschaft (Interkommunion) erhoben. Viele katholische Christen sind verunsichert, ob sie (etwa bei der Teilnahme an Konfirmationsfeiern in der Verwandtschaft) der Einladung zum Abendmahl folgen sollen, wie sie meist vom protestantischen Pfarrer ausgesprochen wird. Beim vergangenen Hamburger Katholikentag veranstalteten Geistliche verschiedener Konfessionen sogar eine „ökumenische Mahlfeier", um Papst und Bischöfe unter Druck zu setzen. Die Frage steht also im Raum: Ist die „Interkommunion" zulässig?

Die Antwort dazu lautet aus katholischer Sicht ganz eindeutig: Es ist Katholiken nicht erlaubt, an evangelischen Abendmahlsgottesdiensten teilzunehmen. Ebenso wenig besteht normalerweise für Protestanten die Einladung zur Kommunion in einer katholischen Messe. Ausnahmen beschränken sich auf Sonderfälle, die im Alltag kaum vorkommen werden (z. B. Todesgefahr, schwere Not).

Grund für diese Haltung, die auf den ersten Augenblick hart und lieblos erscheinen mag, ist in Wirklichkeit die Liebe zur Wahrheit. Das Zweite Vatikanum erinnert uns, dass die protestantischen Christen „nach unserem Glauben, vor allem wegen des Fehlens des Weihesakramentes, die ursprüngliche und vollständige Wirklichkeit des eucharistischen Mysteriums nicht bewahrt" haben (UR 22). Die jüngste vatikanische Erklärung, „Dominus Jesus", hat in ihrer Unterscheidung zwischen der einen katholischen Kirche und allen anderen „kirchlichen Gemeinschaften", die sich von ihr getrennt haben, die bleibende Aktualität dieser Konzilslehre unterstrichen[83].

Denn bei aller Unterschiedlichkeit der Auffassungen, wie sie innerhalb der bunten protestantischen Glaubensgemeinschaft nochmals zu finden sind, besteht dort doch Einigkeit in der Ablehnung des Weihepriestertums, der wirklichen Wesensverwandlung von Brot und Wein sowie der daraus folgenden bleibenden Gegenwart Christi unter den gewandelten Gestalten. Solange nach einem evangelischen Gottesdienst die überzähligen Hostien zurück in die Brotkiste wandern und der restliche Wein in den Ausguss geschüttet wird, während in der katholischen Kirche die hl. Eucharistie im Tabernakel aufbewahrt und verehrt wird, gibt es einen fundamentalen Glaubensunterschied, der nicht verwischt werden darf.

Wer darum als Katholik das evangelische Abendmahl nimmt, empfängt nicht wirklich Leib und Blut Christi. Vielmehr verletzt er selbst – vielleicht ohne es zu wollen – die Einheit der Kirche, weil die Eucharistie Sakrament der Einheit nur dann ist, wenn sie in Gemeinschaft mit den rechtmäßigen Hirten der Kirche gefeiert wird. Ein protestantischer Christ aber, der sich selbst das Recht nimmt, zur katholischen Kommunion zu gehen, missbraucht die Einladung derjenigen, bei deren Feier er zu Gast ist. Er handelt, selbst wenn er subjektiv gläubig an die Kommunionbank tritt, inkonsequent, indem er sein „Amen" zu einem Sakrament spricht, das er durch seine eigene Konfessionszugehörigkeit zugleich ablehnt. Für den katholischen Zelebranten schließlich gilt nach wie vor das klare Wort des früheren Kölner Kardinals Joseph Höffner: Wenn ein katholischer Priester einem Protestanten die hl. Kommunion reichte, würde er „gegen die kirchliche Ordnung verstoßen, auf deren Anerkennung er sich bei der Priesterweihe feierlich verpflichtet hat. Ein

---

[83] Vgl. Kongregation für die Glaubenslehre, Erklärung „Dominus Jesus". Über die Einzigkeit und die Heilsuniversalität Jesu Christi und der Kirche (vom 6. August 2000); IV, n. 17 (mit Verweis auf UR 22).

solches Verhalten würden die Gläubigen mit Recht als Ärgernis empfinden"[84].

Gerade wenn wir die Spaltung der Christenheit als schmerzlich erfahren und ihre Überwindung ersehnen, dürfen wir nicht eine Einheit ohne Wahrheit herbeizwingen wollen. Interkommunion ist ein zu ernstes Thema, als dass es zur bloßen Demonstration gegenseitiger menschlicher Sympathie oder zur Förderung ökumenischer Harmoniegefühle benutzt werden dürfte. Das wäre Selbstbetrug und Herabsetzung des Sakramentes. Es gibt keine gute Ökumene nach dem Motto: „Wir glauben alle nur noch an so wenig, dann können wir das wenigstens gemeinsam tun", wie es der verstorbene Erzbischof Dyba einmal in seiner direkten Art formuliert hat. Wenn Gott in seiner Macht eines Tages die Einheit zwischen Katholiken und den anderen getrennten Christen wiederherstellen will, wird die Gemeinschaft des Altares als Frucht der Versöhnung am Ende stehen. Bis dahin müssen alle Christen das Kreuz der Spaltung gerade auch im Blick auf die Eucharistie ertragen[85].

Wie sollen Kindergottesdienste vorbereitet werden?

In zahlreichen Pfarrgemeinden gibt es mittlerweile Kreise, die sich um die Gestaltung von Kinder- und Jugendgottesdiensten bemühen. In ihnen engagieren sich häufig Mütter, die über den Kindergarten oder die Erstkommu-

---

[84] J. Kard. Höffner, Interkommunion – schmerzliches Bewusstsein unserer Trennung: Ders., In der Kraft des Glaubens (Freiburg 1986) I, 328–338; hier: 336.

[85] Etwas anders sieht die Frage nach der Interkommunion im Blick auf die orthodoxen Kirchen aus. Da sie aber in unserem Land kaum aktuell ist, begnügen wir uns hier mit dem Hinweis auf die diesbezüglichen Bestimmungen des Konzils im Dekret über die katholischen Ostkirchen (OE 27).

nionkatechese intensiveren Kontakt zum kirchlichen Leben gefunden haben. Viele von ihnen setzen viel Zeit und Mühe für diese Tätigkeit ein, was die Seelsorger meist dankbar zur Kenntnis nehmen. Leider ist hier wie so oft im Leben Engagement und guter Wille nicht automatisch mit Kompetenz und Sachkenntnis verknüpft. Das Gegenteil von „gut" ist bekanntlich „gut gemeint". Dementsprechend liefern solche Vorbereitungskreise zuweilen Entwürfe, die in einer katholischen Messfeier nicht verwendbar sind. Wagt ein Zelebrant Einspruch oder muss er sogar einen Gottesdienstentwurf zurückweisen, kommt es schnell zu Aufregung und Streit. Am Ende können auf beiden Seiten dauerhafte persönliche Verletzungen stehen.

Solche unschönen Vorfälle sollte man am besten bereits im Vorfeld zu verhindern suchen. Das geeignetste Mittel dazu ist die richtige Auswahl und eine gediegene liturgische Bildung derer, die einem Liturgiekreis angehören. Wer in einer Messe mitgestalten will, muss selbst die grundlegenden Wahrheiten über Wesen und Aufbau der Messe kennen (wie sie etwa in diesem Buch dargestellt werden). Vor allem: Wer im Gottesdienst einen besonderen Beitrag leisten will, muss zunächst jenen regelmäßigen Beitrag leisten, der für jeden Katholiken selbstverständliche Pflicht ist: den regelmäßigen Messbesuch und Sakramentenempfang! Es ist ein Skandal, wenn das heilige Geschehen Menschen zur Gestaltung anvertraut wird, die in Wahrheit religiöse Analphabeten sind.

Weil alles liturgische Tun in der Letztverantwortung des zelebrierenden Priesters liegt, muss er auch dafür sorgen, dass mögliche Helfer und Helferinnen diese Kriterien erfüllen. Es ist außerdem seine Aufgabe, ihnen die nötigen Kenntnisse zu vermitteln. Wem die wahren Grundsätze katholischer Liturgie bekannt sind, der kann eigentlich nicht mehr verlangen, ein Hochgebet selbst zu formulieren oder statt der biblischen Lesung den Kindern von Swimmy, dem Fisch, zu erzählen.

Für Laien wie für die Priester gilt: Kindermessen sind nicht in erster Linie Religionsunterricht oder Katechesestunde, sie sind *heilige Messen*, für die alles das Bedeutung behält, was wir an früherer Stelle über Liturgie gesagt haben. Wenn Kinder darin etwas lernen sollen, dann ist es allein – die Mitfeier einer katholischen Messe! Viele erfahrene Seelsorger wissen, dass nicht die Menge an Gestaltetem Kinder zu diesem Ziel führt. Kinder brauchen im Gegenteil Kontinuität, Form und Wiederholung – „Regeln, Räume, Rituale", wie der bekannte Pädagoge Hartmut von Hentig gesagt hat. Genau dies bietet katholische Liturgie und übt sie ein, - wenn man ihren normalen Grundablauf unangetastet lässt. Besondere Akzente für die Kinder sollten bewusst (nur) dort gesetzt werden, wo die Messe selbst es zulässt: z. B. bei der Auswahl der Lieder, in den Fürbitten, mit einer Gabenprozession, durch ein gemeinsames Dankgebet oder durch eine ansprechende Kinderpredigt des Priesters. Daneben sollte man es sich zum Prinzip machen, die Orationen und Lesungstexte, die am jeweiligen Tag vorgegeben sind, nicht zu verändern. Es ist im Übrigen viel kreativer, Kindern auch einmal „sperrige" Evangelientexte nahezubringen, als ständig aufs Neue Zachäus, Bartimäus und den verlorenen Sohn zu bemühen, die spätestens von den Kommunionkindern mit einem gelangweilten „Kenn ich schon!" empfangen werden.

Seien wir realistisch: In der derzeitigen Glaubenskrise wird es uns bei vielen Kindern und ihren Eltern nicht gelingen, sie zum dauerhaften Messbesuch anzuleiten – egal, welche pädagogischen Lockmittel wir aufbieten. Wer das Gegenteil behauptet, macht sich über die ernüchternden Ergebnisse von über 30 Jahren liturgischen Experimentierens und Gestaltens etwas vor. Umso mehr liegt es in unserer Verantwortung, dass diejenigen jungen Familien, die noch zur Kirche kommen, wahrhaft katholisch geprägt werden – indem sie die heilige Messe kennen und lieben lernen jenseits aller Kinderbelustigung.

Was kann ich tun, wenn mir der Gottesdienst in meiner Pfarrkirche nicht gefällt?

Zunächst müsste gefragt werden, was hier „gefallen" heißt. Rein ästhetische Gründe dürfen für einen gläubigen Menschen nicht entscheidend dafür sein, dass er der hl. Messe fernbleibt. Wer verstanden hat, um was es bei der hl. Messe geht, der wird sich weder durch einen hässlichen Kirchenbau noch durch einen schlechten Organisten oder einen langweiligen Prediger abschrecken lassen. Der Gedanke an die einfachen Verhältnisse beim häuslichen Gottesdienst der Urkirche oder in den Katakomben der verfolgten Christen aller Zeiten mag helfen, unsere oft etwas snobistischen Maßstäbe gerade zu rücken.

Anders liegt die Situation leider dann, wenn unser Missfallen seinen Grund in einer Zelebration oder Gestaltung des Gottesdienstes findet, die den Vorschriften der Kirche objektiv zuwiderläuft. Es ist eine bittere Realität, dass Tausende von Gläubigen Sonntag für Sonntag mit einer Liturgie konfrontiert werden, die nicht mit dem Messbuch und dem Kirchenrecht in Einklang steht.

Der erste Schritt sollte in solchen Fällen immer das Gespräch mit dem zuständigen Zelebranten sein, der die Verantwortung für den Gottesdienst trägt. Höfliche Freundlichkeit erreicht hier – wie auch sonst im Leben – mehr als besserwisserische Aggressivität! Oftmals wird man aber die enttäuschende Erfahrung machen müssen, dass eine solche Anfrage (die eigentlich nichts anderes ist als die Einforderung des *Rechtes* auf authentische Liturgiefeier) erfolglos bleibt. Bei manchen Geistlichen liegt dies daran, dass ein Problembewusstsein in diesem Bereich überhaupt nicht vorhanden ist. Nicht selten ist diesen Zelebranten die liturgische Willkür derart in Fleisch und Blut übergegangen, dass man von einem Laster im strengen Sinne des Wortes sprechen muss: Sie merken selbst gar nicht mehr, dass sie in fast jedem Satz die Worte verändern und die

Riten nach eigenem Gutdünken variieren – das Fehlverhalten ist zu einer festen Gewohnheit geworden, die man (wie jedes Laster) nur mit großem Kraftaufwand und fester Entschlossenheit beseitigen könnte. Eitelkeit, Inszenierungssucht und die mangelnde Fähigkeit, eigene Fehler einzugestehen und zu korrigieren, machen eine solche „Umkehr" sehr schwer, auch wenn man ahnt, dass sie eigentlich fällig wäre.

Bei anderen Priestern ist eher feige Anpassung Ursache des liturgischen Ungehorsams. Man will die Unterstützung aktiver Gemeindegruppen nicht verlieren, die mittlerweile ein Gewohnheitsrecht auf „kreative" Liturgiegestaltung beanspruchen. Vor allem bei langjährigen Pfarrern hat man oft den Eindruck, dass sie eine Art Waffenstillstand mit diesen Gemeindeteilen geschlossen haben: Man erfüllt ihre liturgischen Forderungen, um ansonsten in Ruhe gelassen zu werden.

Für eine dritte Gruppe schließlich ist die prägnant progressistische Gestaltung des Gottesdienstes erklärter Teil ihres kirchenpolitischen Programmes. Hier wird man als Kritiker damit rechnen müssen, als „vorkonziliar" oder fundamentalistisch abgestempelt, im Extremfall pathologisiert zu werden. Als Mittel, um Proteste aus der Gemeinde zurückzuweisen, entdecken manche dieser Priester sogar die Forderung nach Demut und Gehorsam wieder – die natürlich nur an die ohnmächtigen Kirchenbesucher, nicht aber an die eigene Selbstherrlichkeit gerichtet wird.

Hat man das Gespräch mit dem zuständigen Pfarrer erfolglos gesucht, bleibt im Falle einer ernsthaften und anhaltenden Verunstaltung der Liturgie die Möglichkeit der Beschwerde beim Ortsbischof. Falls die Gültigkeit der Messe bezweifelt werden muss (z.B. bei der Veränderung der Wandlungsworte), wird man dies sogar als Pflicht eines Katholiken ansehen müssen. Leider zeigt die Erfahrung, dass auch auf diesem Weg nur selten beständige Erfolge erreicht werden. Meistens bleibt es bei einem freundlichen, aber unverbindlichen Antwortschreiben des Oberhirten, der selbst längst vor den traurigen Realitäten in seinem Bistum kapituliert hat.

So wird der Rat in vielen Fällen lauten müssen: Wenn in der Heimatpfarrei kein geordneter Gottesdienst mehr gefeiert wird, sollte der Gläubige ohne Gewissensbisse in einer anderen katholischen Kirche die Messfeier besuchen. In vielen größeren Städten haben sich bereits lebendige Personalgemeinden gebildet, die enttäuschten Katholiken zur neuen geistlich-liturgischen Heimat geworden sind. Wo die dafür notwendige Mobilität nicht gegeben ist, bleibt leider manchmal nur übrig, für Veränderung zu beten und in gläubiger Verbundenheit mit der Kirche als ganzer die Missstände vor Ort zu ertragen – auf Dauer gewiss keine leichte Aufgabe.

Kapitel 5

Liturgische Geräte und Symbole

Der Altar

Den Mittelpunkt, sozusagen das Herz einer jeden Kirche, bildet der Chorraum mit dem Altar. Er ist in den meisten Kirchen nach Osten gerichtet (die Kirche ist „geostet"). Der Osten ist die Richtung des Sonnenaufgangs, das Licht kommt aus dem Osten. Das Sonnenlicht ist das Zeichen für Christus, das wahre Licht der Welt, das „aufstrahlende Licht aus der Höhe" (vgl. Lk 1,78), die aufgehende Sonne des Ostermorgens. Die frühen Christen glaubten, dass im Osten das verlorene Paradies liegt und dass Christus am Jüngsten Tag aus dem Osten wiederkommen wird. Deshalb wurden die christlichen Kirchen von Anfang an in Richtung Osten gebaut[86].

Der Chorraum wurde auch Presbyterium (der Raum für die Priesterschaft) genannt, während das Kirchenschiff den Raum für die Gläubigen bezeichnet. In der frühen Zeit der Kirche hatte auch der Sängerchor seinen Platz im Presbyterium (deshalb auch die Bezeichnung „Chorraum"). In vielen alten Kirchen kann der Klerus in einem Chorgestühl Platz nehmen, das nicht selten durch wertvolle Schnitzereien verziert ist. Der Chorraum wurde durch die „Chorschranken" (z.B. den Lettner oder die Kommunionbank), die man heute noch in manchen Kirchen findet und die sich in den orthodoxen Kirchen zu einer kunstvollen Ikonenwand („Ikonostase") entwickelten, abgetrennt. Oft liegt der Chorraum auch höher als das übrige Kirchenschiff. Dies alles deutet an, dass sich im Chorraum das Wichtigste und Kostbarste der Kirche befindet: der Altar.

Der Altar, gewöhnlich ein fester Tisch aus Stein, wurde in

---

[86] Auch wenn die Ostung schon in früheren Jahrhunderten nicht immer streng eingehalten wurde, ist es doch erst eine fragwürdige Erfindung unserer neuesten Zeit, den Altar zuweilen in die Mitte des gottesdienstlichen Versammlungsraumes zu setzen. Dadurch steigt die Gefahr des Missverständnisses, dass sich in der Liturgie die Gemeinde selbst feiert, statt Gott anzubeten.

der frühen Zeit der Kirche gerne über einem Märtyrergrab errichtet („Altar" kommt von lat. „adolere" = anbeten; später auch auf „altum" = erhöhter Ort zurückgeführt). Die Märtyrer sind ja sozusagen der „lebendige Altar" der Kirche, denn sie führen die Hingabe Christi am Kreuz durch die Geschichte hindurch fort.[87] Auch heute sind deshalb in jedem Altar die Reliquien von Märtyrern und anderen Heiligen eingelassen. Wenn wir das Messopfer feiern, dann tun wir das in der Gemeinschaft der ganzen Kirche, in der (unsichtbaren, aber wirklichen) Anwesenheit der Engel und der Heiligen, die wir nach Gott in jeder liturgischen Feier verehren. In der Liturgie ist der Altar vor allem ein Symbol für Christus selbst, den „Eckstein" unseres Glaubens, der in seiner Person „Priester, Altar und Opferlamm" zugleich ist. Darum ehrt der Priester den Altar mit dem liturgischen Kuss.

Der Altar soll „zum Zeichen der Ehrfurcht vor der Feier des Herrengedächtnisses und des Mahles, bei dem Leib und Blut Christi gereicht werden"[88], zumindest mit *einem* Tuch bedeckt sein. Früher war es Vorschrift, den Altar mit *drei* Linnentüchern zu bedecken. Das Altartuch ist ein Zeichen für die Gläubigen, die Glieder am Leib Christi, die mit Christus, dem Haupt des geheimnisvollen Leibes der Kirche, in untrennbarer Verbindung stehen. In der klassischen römischen Liturgie ist das Leinentuch der Kommunionbank die symbolische Fortsetzung des Altartuches bis zu den Gläubigen, die das hl. Sakrament empfangen. Manche Altäre, vor allem alte Hochaltäre, sind an ihrer Vorderseite durch einen kostbar gestalteten Stoff in der jeweiligen Farbe des Kirchenjahres bedeckt („Antependium").

Der Altar ist – wie der ganze Kirchbau – ein heiliger, dem

---

[87] Vgl. Joseph Kard. Ratzinger, Der Geist der Liturgie (Freiburg 2000) 67.
[88] AEM 268.

profanen Gebrauch entzogener Ort[89]. Wie die Kirche wird er feierlich vom Bischof geweiht. In dieser eindrucksvollen Zeremonie werden die Reliquien eingesenkt, fünf Stellen des Altars als Zeichen der hl. fünf Wunden Jesu mit Chrisam gesalbt und an ihnen ein Weihrauchopfer dargebracht.

Auf dem Altar – oder zumindest in der Nähe des Altars – soll ein Kreuz stehen. Durch das Kruzifix wird der Altar als die Stätte gekennzeichnet, auf dem in sakramentaler Form das Opfer Christi gefeiert wird. Neben dem Kreuz stehen auf oder neben dem Altar auch Leuchter. Die brennenden Kerzen sind ein Sinnbild für Christus, der das „Licht der Welt" (Joh 8,12) ist, und für die christliche Seele, die sich für Gott in Anbetung und Liebe verzehren soll.

Weitere Ausgestaltungen des Altars sind vor allem in alten Kirchen zu finden: Hinter dem Hochaltar schließt sich das Retabel an, ein zuweilen künstlerisch aufwendig gestalteter Altarrücken. Auf seinen Stellflächen kommen Kerzen, Blumen und Dekorationen zu stehen. Es kann außerdem Gemälde, Schnitzwerke, Figurengruppen und Reliefs tragen, die etwa den Kirchen- oder Altarpatron zeigen. In Gotik und Barock nahm das Retabel manchmal riesige Proportionen an und wurde zur optischen Mitte des Chorraums, der wie eine große Theaterbühne den Blick auf die Feier des Heilsmysteriums lenkte.

Seltener begegnet man einem großen Ziborium, einem Überbau, der, von vier Säulen getragen, wie ein steinernes Zelt den Altar überwölbt. Die prächtigsten Beispiele dafür findet man in den Basiliken Roms, etwa in St. Peter oder im Lateran.

---

[89] Deshalb ist er weder als Ablagefläche für irgendwelche Utensilien (mit Ausnahme der für die Zelebration unumgänglichen Bücher und Gegenstände) und schon gar nicht als Objekt irgendwelcher gutgemeinter Verschönerungsaktionen von Frauengemeinschaften oder Kommunionkindergruppen freizugeben.

In der Mitte hinter dem Hochaltar steht traditionell der Tabernakel (lat. *tabernaculum* = Zelt), ein stabil abschließbares Behältnis zur Aufbewahrung der hl. Eucharistie. Während sehr alte Kirchen an der Stelle des Altartabernakels im Chorraum prachtvolle Sakramentshäuser aus Stein besitzen, ist auch in modernen Kirchen der Tabernakel häufig wieder vom Altar getrennt zu finden, auf Stelen im Chor oder in Seitenkapellen untergebracht. Stets aber sollte der Tabernakel so angeordnet sein, dass er an einem würdigen, zentralen Ort der Kirche den Gläubigen auch außerhalb der Messe zum anbetenden Gebet sichtbar und zugänglich ist. Ob dafür tatsächlich ein besserer Ort gefunden werden kann als die Mitte in der Anlage des Hochaltars, in der zudem die unlösbare Verbundenheit des Sakraments mit dem Opfer des Altares deutlich wird, darf bezweifelt werden.

Im feierlichen Hochamt wird der Altar an zwei Stellen der Liturgie mit Weihrauch beräuchert: Am Beginn der Messfeier und nach der Opferung. Bei der zweiten Inzens (Beräucherung) werden auch der Priester und die Gläubigen mit einbezogen – dadurch wird ausgedrückt, dass wir in die Gebets- und Opfergemeinschaft des im Altar dargestellten Christus hineingenommen werden.
Am Beginn und am Ende der Messfeier küsst der Priester den Altar. Auch dies ist ein Zeichen der Ehrfurcht, ein Zeichen, das die Liebe, die Gebets- und Opfergemeinschaft mit Christus und den Heiligen, deren Reliquien im Altar eingelassen sind, ausdrückt.

Eine der liturgischen Neuerungen unserer Zeit ist der Wechsel der Zelebrationsrichtung. Bis zum II. Vatikanischen Konzil und der Liturgiereform war die Gebetsrichtung der Liturgie nach Osten hin – in die Richtung des Sonnenaufgangs und des wiederkehrenden Christus. Der Priester stand also gemeinsam mit dem Volk in einer

Richtung nach Osten vor dem Altar, er zelebrierte *versus deum* (zum Herrn hin) – so wie es heute noch in der orthodoxen Kirche der Fall ist (im Übrigen haben selbst die meisten protestantischen „Kirchen" die alte Gebetsrichtung beibehalten!). Nun aber änderte man die Zelebrationsrichtung: Um wirklich Eucharistie feiern zu können, so lautete das Argument, müsse der Priester dem Volk zugewandt sein (*versus populum),* so dass Priester und Volk sich gegenseitig anblicken, in Kommunikation treten können. In der Folge wurden – oft zum Schaden für die Architektur des Kirchbaus – in den allermeisten Kirchen die sog. „Volksaltäre" aufgestellt, die diese Zelebrationsrichtung ermöglichten. Mittlerweile wird dieser Wechsel der Zelebrationsrichtung wieder kritisch diskutiert: „In Wahrheit ist damit eine Klerikalisierung eingetreten, wie sie vorher nie existiert hatte. Nun wird der Priester – der Vorsteher, wie man ihn jetzt lieber nennt – zum eigentlichen Bezugspunkt des Ganzen. Alles kommt auf ihn an. Ihn muss man sehen, an seiner Aktion teilnehmen, ihm antworten; seine Kreativität trägt das Ganze ..."[90] Wieder einmal gilt: Die Analyse ist klar, aber praktische Konsequenzen werden gescheut. Zumindest sollte auch auf einem Volksaltar ein sichtbares Kreuz in der Mitte stehen, so dass sowohl der zelebrierende Priester als auch die mitfeiernde Gemeinde sich nicht gegenseitig anschauen, sondern auf Christus blicken, mit dem und zu dem sie beten[91].

---

[90] Vgl. Joseph Kard. Ratzinger, Der Geist der Liturgie, 69f. Im Übrigen sind die historischen Argumente für die Zelebration *versus populum* längst widerlegt: Im Petersdom und anderen Kirchen gab es die Zelebration *versus populum* aus dem Grund, weil die Kirche aufgrund der topographischen Umstände nach Westen gebaut war, der Priester aber nach Osten hin zelebrierte. Auch das Beispiel des Letzten Abendmahls und überhaupt des Gastmahls im Altertum zeigt, dass die Tafelgesellschaft immer an einer Seite des Tisches saß bzw. lag und ein Vorsteher nie einen Platz *versus populum* einnahm. Ebd. 65ff.

[91] So der Vorschlag von Kardinal Ratzinger: Der Geist der Liturgie, 73.

Liturgische Gefäße

Die heiligsten liturgischen Geräte sind diejenigen, die bei der Messfeier mit dem Leib und Blut Christi in Berührung kommen: der Kelch und die Patene.

Seit dem frühen Mittelalter ist die Form des Kelches wesentlich dieselbe geblieben – die detaillierte Ausgestaltung und Verzierung veränderte sich natürlich im Laufe der Zeit. Man unterscheidet drei Teile: den Fuß des Kelches (pes), den Schaft mit dem Knauf (nodus) und die Schale (cuppa). Der Kelch soll aus einem „haltbaren und edlen"[92] Material gefertigt sein, die Cuppa ist innen immer vergoldet. Zum Kelch gehört ein kleines Tellerchen, auf das die Hostie des Priesters gelegt wird, die Patene. Ursprünglich handelte es sich um eine große, flache Schale, die jetzt nur noch ein wenig über den Rand des Kelches hinausragt. Kelch und Patene werden bei der Priesterweihe symbolisch den Neupriestern überreicht, damit sie erkennen, dass in der Feier des hl. Opfers das Zentrum ihres neuen Amtes liegt.

Vor der Messfeier wird der Kelch vorbereitet: Über den Kelch legt man das dreimal gefaltete und mit einem kleinen Kreuz bestickte *Kelchtuch*, das auf zwei Seiten des Kelches bis zum Fuß herabreicht und zur Reinigung des Kelches dient. Das Kelchtuch hat man symbolisch als das Schweißtuch der Veronika gedeutet, oder man denkt daran, dass Jesus vor dem Letzten Abendmahl seinen Jüngern die Füße wusch und trocknete: „Ein Beispiel habe ich euch gegeben, damit auch ihr handelt, wie ich an euch gehandelt habe." (Joh 13,15) Mancherorts wird ein *Kelchlöffelchen* bei der Gabenbereitung verwendet; dann drückt man das Kelchtuch in die Cuppa hinein und legt in dieses das Löffelchen (so nimmt die innere Vergoldung keinen Schaden). Anschließend wird die *Patene* mit der

---

[92] AEM 290.

Hostie auf den Kelch gelegt und mit der *Palla*, einem quadratischen, gestärkten Leinentuch, das auf einen Karton aufgezogen ist, bedeckt. Mit der Palla wird der Kelch auch während der Messfeier abgedeckt, sie hat in erster Linie eine Schutzfunktion: Es sollen kein Schmutz, keine Fliegen oder Mücken in den Kelch gelangen.

Über den Kelch wird nun das *Kelchvelum* gebreitet: ein Tuch in der jeweiligen liturgischen Farbe, das passend zum Messgewand des Priesters gestaltet ist.

Auf den so bedeckten Kelch gehört schließlich die *Burse*, eine mit Stoff bedeckte, viereckige Tasche, die das *Korporale* enthält. Das Korporale war ursprünglich eines der Tücher, die den ganzen Altar bedeckten. Heute ist es ein kleines, viereckiges Tuch, das längs und quer zweimal so gefaltet wird, dass sich insgesamt neun Felder ergeben, wenn es ausgebreitet wird. Kelch und Patene stehen immer auf dem Korporale. In der klassischen römischen Liturgie wird die Hostie vor und nach der Wandlung unmittelbar auf das Korporale gelegt (daher auch der Name: von *corpus*, Leib des Herrn). Man kann das Korporale deuten als das Tuch, auf das Maria das neugeborene Kind legte oder als das Tuch, in das der Leichnam des Herrn nach der Kreuzigung gehüllt wurde und nach der Auferstehung als stummer Zeuge im leeren Grab zurückblieb.

Kelch und Patene werden mit der größten Ehrfurcht behandelt: Früher gab es die Vorschrift, wonach alle außer dem Priester Handschuhe tragen mussten, wenn sie den Kelch berührten. Man hat die heiligen Gefäße im früheren römischen Pontifikale auch symbolisch als „neues Grab des Herrn" bezeichnet. Ein Zeichen dieser Ehrfurcht ist bis heute das Kelchvelum, das den Kelch bedeckt. Leider wird es immer öfter – aus Gründen der Bequemlichkeit? – weggelassen. Dabei will das Velum Hinweis darauf sein, dass es sich um etwas ganz Besonderes handelt, das hier geschieht: Nach der Enthüllung rücken die heiligen Geräte in den Mittelpunkt der Aufmerksamkeit, und sie werden den Blicken entzogen, wenn die Feier des heiligen Geheimnisses beendet ist. Die gleiche Symbolik wird verwendet, wenn nach dem Passionssonntag in den Kirchen die Kreuze bis zur großen Karfreitagsliturgie verhüllt werden. Und auch im profanen Bereich gibt es das Zeichen der Ver- und Enthüllung, das den Gegenstand in die Mitte der Aufmerksamkeit rückt, z.B. wenn ein Denkmal „enthüllt" wird[93].

Neben Kelch und Patene gibt es noch viele andere Gefäße, die bei der Feier der Liturgie Verwendung finden: Im Ciborium, dem Speisekelch, werden die Hostien für das Volk aufbewahrt (lat. *cibus* = Speise). Bei der feierlichen Aussetzung und Verehrung des Allerheiligsten Sakramentes wird eine Monstranz benutzt, ein oft prachtvoll gearbeitetes Schaugefäß (lat. *monstrare* = zeigen), das wir auch in den eucharistischen Prozessionen und Umgängen mitführen. Ähnliche Gefäße (Ostensorien) gibt es für die Darstellung der Heiligenreliquien, die in früheren Zeiten mehr als heute auch im Altarraum ausgestellt waren.

Von nachgeordneter Bedeutung sind weitere Gefäße des liturgischen Gebrauches: Weihrauchfass und Schiffchen, Schellen und Kerzenleuchter, Kännchen und Schale für Wein und Wasser der hl. Messe sowie die liturgische Händewaschung, Weihwasserkessel und Aspergil (ein Stab, mit dem das geweihte Wasser ausgesprengt wird). Doch gehören sie in ihrer Nützlichkeit und Schönheit alle zur sinnenfrohen Welt des liturgischen Kultes, der Gott dem Allerhöchsten, von seinem Volk dargebracht wird.

---

[93] Der „Verpackungskünstler" Christo hat vor einigen Jahren mit seiner spektakulären Aktion am Deutschen Reichstag bewiesen, wie wichtig Verhüllung und Enthüllung sein können, damit wir Altbekanntes neu sehen lernen.

Die liturgischen Gewänder
des Priesters

Auf die Frage eines jungen Priesters, warum liturgische Kleidung überhaupt nötig sei, gab der frühere Mainzer Kardinal Hermann Volk die Antwort: „Damit *Sie* zugedeckt werden."[94] Der Priester trägt liturgische Gewänder, damit genau dies deutlich wird: Es kommt nicht auf ihn als Person an, sondern auf Christus, den er repräsentiert und in dessen Auftrag und Namen er die hl. Messe feiert. Der Priester ist nur das Werkzeug, Christus handelt durch ihn.

So wird die Kleidung, die für den erbsündlich gefallenen Menschen natürlicherweise zunächst Bedeckung der Nacktheit ist, die er nach dem Verlust der Paradiesesgnade schmerzlich erfährt, in der übernatürlichen Symbolik der Liturgie zum Zeichen der Erlösung in Christus.

Die liturgischen Gewänder sind konkret entstanden aus der profanen Kleidung der griechisch-römischen Welt des 4. Jahrhunderts und entwickelten sich im Laufe der Zeit fort, bis sie die heute noch gültigen Formen erreichten.

Für die Messfeier sind folgende Gewänder vorgesehen:
Über den schwarzen Talar legt der Priester zunächst das *Schultertuch* (*Humerale, Amictus*), das sich aus dem antiken Halstuch entwickelte. Der Priester küsst das eingestickte Kreuz, berührt dann mit dem Tuch kurz seinen Hinterkopf, legt es um Hals und Schulter und bindet es mit zwei Bändern kreuzweise fest. Im klassischen Messritus ist beim Ankleiden für jedes Gewand ein eigenes Gebet vorgesehen, das an eine allegorische Bedeutung der Kleidungsstücke erinnert. Beim Anlegen des Schultertuchs betet der Priester: „Setze mir, Herr, den Helm des

---

[94] Vgl. hierzu auch: Ludwig Gschwind, Die heilige Messe (Augsburg 1997) 39ff.

Heiles aufs Haupt, damit alle Anfechtungen des Teufels daran abprallen." Das Schultertuch hatte in früher Zeit die Form einer Kapuze: Der „Helm des Heiles" soll den Kopf des Priesters einhüllen, damit dieser bei der Messfeier ganz auf den heiligen Dienst konzentriert ist und durch nichts abgelenkt wird.

Über das Schultertuch wird nun die *Albe* gelegt (lat. *albus* = weiß), ein weißes Gewand, das bis zu den Fußknöcheln reicht. Es ist eine Fortführung des römischen Hauskleides, der Tunika. Die weiße Farbe ist ein Symbol der Reinheit und Heiligkeit, sie erinnert an den Tag der Taufe, an dem der Priester wie jeder Christ den Herrn „wie ein Gewand" (Gal 3,27) angezogen hat. Das Gebet zum Ankleiden der Albe lautet: „Läutere mich, Herr, und reinige mein Herz, damit ich, im Blute des Lammes weiß gewaschen, die ewigen Freuden genießen möge." Die Albe weist auch darauf hin, dass unsere irdische Liturgie immer schon Abbild der himmlischen Liturgie ist, zu der wir als Erlöste im Stand der heilig machenden Gnade einmal zugelassen werden sollen. In der Apokalypse wird beschrieben, wie diejenigen anbetend vor dem Thron Gottes stehen, die ihre Gewänder im Blut des Lammes weiß gewaschen haben (Offb 7,14f.).
Durch Stickereien und Spitzenapplikationen kann auch die Albe eine besonders feierliche Ausgestaltung erfahren.

Die Albe wird in der Mitte geschürzt und gegürtet durch das *Zingulum*, eine Art Gürtel aus Leinen oder Kordel. Der Gürtel ist ein Ausdruck der Wachsamkeit und Bereitschaft. Christus mahnt seine Jünger: „Legt euren Gürtel nicht ab und lasst eure Lampen brennen!" (Lk 12,35) Das entsprechende Gebet lautet: „Umgürte mich, o Herr, mit dem Gürtel der Reinheit und lösche in meinen Lenden die Leidenschaft, dass in mir bleibe die Kraft der Zurückhaltung und Keuschheit."

Heute nicht mehr vorgeschrieben ist der *Manipel*, eine Art Armbinde in der Farbe des Messgewandes, die am linken Unterarm getragen wird und ursprünglich einmal ein Handtuch war. Der Manipel darf ab der Subdiakonatsweihe getragen werden (die eine der alten „höheren Weihen" ist).

Über die Albe legt der Priester nun die *Stola*, eine Schärpe in der Farbe des Messgewandes. Sie ist das eigentliche Amtszeichen des Priesters. Der Priester küsst das eingestickte Kreuz und legt sie über den Nacken, so dass beide Enden herunterhängen (nach altem Brauch beim Priester im Unterschied zum Bischof in der Mitte gekreuzt[95], der Diakon trägt sie quer von der linken Schulter unter dem rechten Arm hindurch. Die Stola wird nicht nur bei der Messfeier verwendet: Bei jeder Sakramentenspendung, bei Weihen und Segnungen, immer dann, wenn der Priester im Namen und Auftrag der Kirche als Repräsentant Christi liturgische Handlungen vollzieht, trägt er die Stola. Zum Anlegen der Stola betet der Priester: „Herr, gib mir zurück das Gewand der Unsterblichkeit, das ich durch die Sünde der Stammeltern verloren habe, und wenn ich, obgleich unwürdig, zur Feier deines heiligen Mysteriums hinzutrete, so möge ich dennoch der ewigen Freude teilhaftig werden."

Über all diese Gewänder wird am Schluss das Messgewand, die Kasel (*casula* = Häuschen), angelegt. Dieses Gewand in den Farben der Tagesliturgie kann durch ornamentale Bänder und Borten sowie größere Bilddarstel-

---

[95] Dieser Unterschied beinhaltet ein schönes Zeichen: Einmal deutet es an, dass der Priester ein Stellvertreter des Bischofs ist (die gekreuzte Stola als Zeichen für die beschränkte Vollmacht), zum anderen deutet das Kreuz auf das Kreuzesopfer hin, das der Priester in der Messe feiert.

lungen und Stickereien verziert sein, auf dem Rücken gerne in der Form eines Kreuzstabes. Das Messgewand des Diakons unterscheidet sich im Schnitt vom Messgewand des Priesters und Bischofs und wird *Dalmatik* genannt. Das Gebet zum Anlegen des Messgewandes heißt: „Herr, du hast gesagt: Mein Joch ist süß und meine Last ist leicht, gib, dass ich dieses Gewand so zu tragen vermag, dass ich deine Gnade erlange." Früher wurde in der Priesterweihe bei der Übergabe des Messgewandes gebetet: „Empfange das Priestergewand. Es bedeutet die Liebe. Gott hat die Macht, deine Liebe zu mehren und dein Wirken zu vollenden." Das Messgewand will also ausdrücken: Der Priester ist in der Liebe Christi „zu Hause". Er ist in dem geborgen, in dessen Dienst er steht.

In der klassischen Liturgie ziehen die Priester häufig mit dem *Birett*, der drei- oder vierkantigen priesterlichen Kopfbedeckung, zur Messe ein, das vor dem Altar abgelegt wird. Das Birett (das mit dem Doktorhut verwandt ist) wird auch bei anderen liturgischen Vollzügen (z. B. Beerdigung) getragen.

Auch die Formen des Messkleides haben sich mit den Moden der Jahrhunderte immer wieder einmal verändert. Neben dem weiten, einhüllenden romanischen Gewand gibt es das spitz zulaufende der Gotik und die noch knapper geschnittene, die Arme ganz frei lassende Kasel des Barock (ihrer Form gemäß auch „Bassgeige" genannt). Welche dieser Ausgestaltungen man in der Praxis bevorzugt, ist eher eine Frage des persönlichen Geschmacks und des Zusammenklangs im Ganzen einer Kircheneinrichtung, so dass einseitige Stellungnahme und Polemik hier Zeichen liturgischer Kleingeisterei ist. Als stilistische Verirrung und Symptom des Niedergangs in unserer liturgischen Kultur muss allerdings gewertet werden, wenn mancherorts Priester nur mit einem alben- oder kuttenähnlichen Gewand („Mantelalbe") bekleidet an den Altar treten, über das eine unförmig große Stola gelegt wird. Wie immer zeugt hier der Kampf gegen das „Äußerliche" in der Liturgie vom Verlust des inneren Verständnisses für den heiligen Dienst.

Besondere Gewänder trägt der Bischof im feierlichen Pontifikalamt (vor allem Stab und Mitra als Zeichen des Amtes als Hirte und Hohepriester). Auch hier ist, ähnlich wie hinsichtlich der liturgischen Kleidungsstücke des Papstes, manches in der vergangenen Liturgiereform verschwunden. Erzbischöfe, die einer Kirchenprovinz vorstehen, erkennt man am sog. *Pallium*, einem Stoffstreifen mit Kreuzen, der, lose über die Schulter geworfen, auf dem Messgewand getragen wird. Die Pallien werden aus der Wolle geweihter Lämmer hergestellt und in einer Nische über dem Grab des hl. Petrus im Petersdom aufbewahrt. Ihre Überreichung zeigt die Verbundenheit der Kirchenprovinzen mit dem Papst.

Die liturgischen Farben

Die Liturgie der Kirche kennt fünf verschiedene Farben:
Das *Weiß (Gold)* ist die Farbe der Freude, des festlichen Jubels und der Reinheit. Sie wird getragen an den beiden höchsten Festen des Kirchenjahres, Ostern und Weihnachten, an den übrigen Herrenfesten, an den Festen der Muttergottes (hier auch zuweilen in Richtung *blau* verändert), der Engel und der Heiligen, die keine Märtyrer waren.
Das *Rot* ist die zweite festliche Farbe der Kirche. Es steht für das Feuer, das Symbol des Heiligen Geistes, und für die brennende Liebe und das Blut der Glaubenszeugen. Deshalb werden rote Messgewänder am Pfingstfest getragen, außerdem am Palmsonntag, an den Festen, die des Leidens Christi und des Heiligen Kreuzes gedenken

185

(heute auch am Karfreitag), sowie an den Festen und Gedenktagen der Märtyrer.

Grün ist die Farbe der Hoffnung, des ewigen Lebens und der Erwartung. Grüne Messgewänder werden an den Sonn- und Wochentagen der Zeit im Jahreskreis verwendet.

Die Farbe der ernsten Buße und Umkehr ist *Violett*. Violette Messgewänder trägt man im Advent und in der Fastenzeit.

Schwarz ist die Farbe der Trauer und des Schmerzes. Schwarze Messgewänder werden bei Beerdigungsmessen (Exequien) getragen. Heute ist es auch möglich, zu diesen Gelegenheiten statt schwarz violett zu verwenden.

Eine Besonderheit bildet die Farbe *Rosa*. An zwei Gelegenheiten im Kirchenjahr, am dritten Adventssonntag („Gaudete") und am vierten Fastensonntag („Laetare") können rosafarbene Messgewänder getragen werden: In das Violett der Buße und Umkehr mischt sich schon das Weiß der Freude und des Jubels ein.

Liturgische Körperhaltungen

Der Mensch ist ein Wesen, das aus Seele und Leib besteht. Wenn wir beten, dann beten wir nicht nur mit unserem Geist, sondern auch mit unserem Leib. Es ist nicht egal, ob ich aufrecht sitze, ob ich mich knie oder ob ich bequem in einem Sessel liege, wenn ich bete. Inneres Gebet und äußere Haltung gehören zusammen. Das eine bedingt das andere, vom einen kann ich auf das andere schließen. Deshalb kommt auch den liturgischen Haltungen eine bestimmte Bedeutung zu:

Das *Stehen* ist die Haltung des erlösten, österlichen Menschen. Der Kranke und Schwache kann nicht aufrecht stehen. Wir Christen sind erlöst durch Christus: Er ist unser Heiland und „Arzt", der uns „gesund macht" von der „Krankheit" der Sünde, der uns „auferstehen" lässt vom Tod. Das Stehen ist auch die Haltung der Bereitschaft: Der Knecht steht vor seinem Herrn, er ist bereit, ihm zu dienen, genauso wie der Soldat „strammsteht", „Haltung annimmt" und seine Befehle erwartet. Der Zelebrant steht während der Messe fast durchgehend. Unser Stehen in der Liturgie soll ausdrücken: Wir sind bereit für Christus. Wir sind bereit, sein Wort zu hören und in seinem Sinn zu handeln.

Wir stehen beim Einzug und bei der Eröffnung, bei der Verkündigung des Evangeliums, beim Vaterunser, beim Schlussgebet und beim Auszug.

Das *Knien* ist die Haltung der Anbetung und der Demut. Wer kniet, macht sich klein vor dem großen, allmächtigen und heiligen Gott. Christus selbst (Lk 22,41), Stephanus (Apg 7,59), Petrus (Apg 9,40) und Paulus (Apg 21,5) beteten nach dem Zeugnis der Schrift auf diese Weise. Wer kniet, der betet an. Sein ganzer Körper drückt aus: Hier ist Gott gegenwärtig. Gerade das Knien ist ein wirklicher Ausdruck des lebendigen, echten Glaubens an die Gegenwart des Herrn unter den heiligen Gestalten. Wenn heute in vielen Pfarrgemeinden das Knien während des Hochgebets „abgeschafft" wurde, so muss man kritisch fragen: Kann ich im Stehen wirklich besser mitbeten und anbeten? Oder folge ich nur meiner Bequemlichkeit?

Man kniet während des „Höhepunkts" der Messfeier, des Hochgebets und der Wandlung. Man kniet bei der Erhebung der hl. Hostie vor der Kommunion und oft gibt es auch den guten Brauch, während des Schlusssegens niederzuknien. Das Messbuch kennt hier für manche feierliche Segensformen die Einladung: Wir knien nieder zum Segensgebet.

Auch die *Kniebeuge* ist ein Zeichen der Anbetung. Wenn man eine Kirche, in der sich ein Tabernakel befindet, betritt oder verlässt, wenn man durch den Altarraum geht, dann macht man eine Kniebeuge als Ausdruck der Ehrfurcht vor dem hier anwesenden Herrn. Auch das Kreuz wird am Karfreitag durch eine Kniebeuge verehrt. Man sollte darauf achten, die Kniebeuge *würdig* zu vollziehen: Das rechte Knie soll den Boden neben der linken Ferse berühren. Wer aus gesundheitlichen Gründen keine Kniebeuge machen kann, begnüge sich lieber mit einer Verneigung – angedeutete „Knickse" und Ähnliches passen nicht in den liturgischen Raum.

Eine kleinere Verehrungsgeste ist in der Liturgie die *Kopfneigung*, die auch heiligen Bildern und Dingen erwiesen werden kann.

Eine seltene, dafür aber umso eindrucksvollere liturgische Haltung ist das vollständige, ausgestreckte *Sich-Niederwerfen* vor Gott. So „fiel Abram auf sein Gesicht nieder", als Gott zu ihm sprach (Gen 17,3), und Mose und Aaron taten dasselbe, um für ihr Volk um Erbarmen zu flehen (Num 16,22). In der sog. „Prostratio" der Liturgie macht sich der Mensch ganz klein vor dem großen Gott und bittet um Erbarmen und Gnade. Diese Körperhaltung ist noch lebendig beim Einzug der Karfreitagsliturgie, bei der Ablegung von Ordensgelübden, in der Feier der Priesterweihe.

Das *Sitzen* ist die Haltung des Menschen, der zuhört und nachdenken will. Maria saß zu den Füßen Jesu und hörte ihm aufmerksam zu (Lk 10,39). Wir sitzen während der Messfeier bei den Lesungen und bei der Predigt, nach neuerem Brauch vielerorts bei der Opferung.

Das Sitzen ist die Haltung des Lehrers, außerdem des Königs und Richters: Der Professor besetzt einen „Lehrstuhl" – Christus setzt sich nieder, als er feierlich seine berühmteste Lehrrede, die Bergpredigt, beginnt (Mt 5,1). Der König sitzt auf seinem Thron, der Richter auf dem Richterstuhl – Christus, der König und Richter der Welt, sitzt zur Rechten des Vaters und auf dem Thron seiner

Herrlichkeit beim Jüngsten Gericht. Als sein Stellvertreter sitzt der Bischof auf dem Bischofsstuhl, der „Kathedra" – in jeder Bischofskirche kann man den Bischofssitz besonders herausgehoben finden, oft mit dem Wappen des regierenden Bischofs und einem Baldachin geschmückt. Er ist der Platz des liturgischen Vorsitzes, aber ebenso symbolischer Ort der Lehre und des geistlichen Richterspruches. In ähnlicher Weise sitzt der Priester im Beichtstuhl, wenn er beim gütigen Bußgericht im Namen des Herrn die sakramentale Lossprechung erteilt.

Auch das *Gehen* hat in der Liturgie seine besondere Ausformung. Unser Leben kann als ein Weg zu Gott beschrieben werden, auf dem wir voranschreiten müssen, bis das Ziel erreicht ist. In der Liturgie folgen wir dem Herrn auf seinem Weg nach, der zum Vater führt. In der langen Prozession der Jahrhunderte ist die Kirche, das pilgernde Gottesvolk, mit Christus auf dem Weg zum Himmel. Das liturgische Gehen (z.B. in Prozessionen) soll dies abbilden, indem es immer ein frohes und feierliches Voranschreiten ist.

Das *Kreuzzeichen* ist das Zeichen Christi, unseres Erlösers. Es ist das Siegel seiner Herrschaft, das Banner seines Reiches. Wenn wir über uns das Kreuzzeichen schlagen, dann stellen wir uns damit unter die Herrschaft und den Schutz des Dreifaltigen Gottes, der sich uns in Jesus Christus geoffenbart hat. Das Kreuzzeichen ist ein Bekenntnis. Wenn man in der Öffentlichkeit (z.B. beim Essen in einem Restaurant) das Kreuzzeichen schlägt, so kann das heute schon ein mutiges Bekenntnis zum Glauben sein. Das Kreuzzeichen ist aber auch ein Zeichen des Schutzes: Wer in Not, Gefahr und Versuchung das Kreuzzeichen macht, der stellt sich unter den Schutz Christi, des Siegers. Den ganzen Tag über kann man immer wieder das Kreuzzeichen machen. Ein schöner und sinnvoller christlicher Brauch ist es auch, sich gegenseitig zu segnen: Eltern segnen ihre Kinder mit dem Kreuzzeichen, Eheleute segnen einander.

Wir kennen zwei verschiedene Arten des Kreuzzeichens: Beim *großen (lateinischen)* Kreuzzeichen legt man die linke Hand ausgestreckt auf die Brust. Die Finger der rechten Hand sind ebenfalls ausgestreckt und geschlossen. Bei den Worten „Im Namen des Vaters" berührt man mit den Fingerspitzen der rechten Hand die Stirn, bei den Worten „und des Sohnes" die Brust oberhalb der linken Hand, bei den Worten „und des Heiligen Geistes. Amen" zunächst die linke, dann die rechte Schulter. Beim *kleinen (deutschen)* Kreuzzeichen werden mit dem Daumen der gestreckten, rechten Hand drei kleine Kreuzzeichen auf die Stirn, die Lippen und die Brust gezeichnet („Ich will an Gott denken, von ihm sprechen und ihn lieben").

Die Haltung des Gebetes schließlich ist gekennzeichnet durch das *Emporheben* bzw. *Ausstrecken* oder das *Falten der Hände.*

Im Altertum war das Beten mit *emporgehobenen* Händen selbstverständlich. „Ich will, dass die Männer überall beim Gebet ihre Hände in Reinheit erheben, frei von Zorn und Streit", mahnt der hl. Paulus seinen Schüler Timotheus (1 Tim 2,8). Es ist die Haltung des innigen Flehens, der bedingungslosen Empfänglichkeit, für die Christen speziell Nachahmung der ausgestreckten Hände Christi am Kreuz.

Jünger ist das bei uns heute allgemein gewordene *Händefalten.* Wer die Hände faltet, entzieht sie der profanen Geschäftigkeit und konzentriert sie zum Dienst vor Gott. Die gefalteten Hände sind Symbol dafür, dass man sich von Gott in die Pflicht nehmen lässt und sich ihm ganz übergibt, so wie der Lehnsmann in früheren Zeiten seine gefalteten Hände in die des Lehnsherren gelegt hat, um ihm treue Gefolgschaft zu versprechen.

190

Das Kirchenjahr

Menschliches Leben ist Leben in der Zeit. Diese Zeit ist zielgerichtet, sofern unser irdisches Leben mit der Geburt beginnt und einmal im Augenblick des Todes enden wird. Zugleich aber ist unsere Lebenszeit eingebettet in einen Zeitablauf, der zyklisch verläuft, d.h. immer wieder durch dieselben Abläufe und gleichen Maßeinheiten strukturiert wird. So ist Leben in der Zeit auch Leben in einer stetigen Wiederholung des Gleichen. Wir können uns unser Dasein gar nicht anders vorstellen als im Wechsel der Stunden, Tage und Jahre, im Kreislauf der Sonne und des Mondes, in der Wiederkehr von Erinnerungsdaten und Gedenkterminen.

Wie insgesamt die Natur durch die Gnade erhoben wird, wird auch unsere profane Zeitrechnung geheiligt durch die Zeiteinteilung, die aus dem Heilshandeln Gottes stammt. Auch diese Heilszeit, die wir im Glauben erkennen, hat ein absolutes, zielgerichtetes Maß: Sie beginnt mit der Schöpfung und führt über das zentrale Datum der Erlösung in Christus zur Wiederkunft des Herrn am Jüngsten Tag, mit dem die Weltgeschichte ihr Ende finden wird. Innerhalb dieser gottgeschenkten Zeit aber kennt auch die Kirche ein zyklisches, immer wiederkehrendes Gesetz der Zeiteinteilung. Neben die 24 Stunden des Tages treten die Tagzeiten der kirchlichen Liturgie, die geprägt sind durch das Stundengebet, das vor allem von den Ordensleuten und Priestern verrichtet wird. Neben das weltliche Jahr tritt das Kirchenjahr mit seinem eigenen Kalender. So wird aus der profanen Zeit geheiligte Zeit, und unsere kurze Lebensspanne wird eingetaucht in die Lebensfülle Gottes, der „immer derselbe ist und dessen Jahre niemals enden" (Ps 102,28).

Das liturgische Jahr ist dadurch ausgezeichnet, dass es in seinen Zeiten und Festen die ganze Heilsgeschichte symbolisch durchläuft. Nicht etwas längst Vergangenes wird dabei in Erinnerung gerufen, sondern das in göttlicher Kraft Geschehene entfaltet seine immer neue Wirksamkeit für uns. Im Mittelpunkt steht das Christusgeschehen, das sich im Ausgang von den beiden Hauptgeheimnissen Menschwerdung und Auferstehung – Weihnachten und Ostern – entfaltet.

Zunächst kannte die christliche Gemeinde ein einziges großes Fest, das Osterfest, das aus dem alttestamentlichen Paschafest, an dem Christus beim Letzten Abendmahl das eucharistische Opfer des Neuen Bundes eingesetzt hatte, an dem er gestorben und auferstanden war, herausgewachsen ist. Was sich in der Befreiung Israels aus Ägypten, im Auszug durch das Rote Meer, geheimnisvoll angedeutet hatte, erfüllte sich im Leiden und Sterben Jesu Christi: die Erlösung des Menschen, der Übergang aus dem Sklavenhaus des Bösen in das gelobte Land Gottes. Die heiligen drei Tage („Triduum") des Pascha, von der Vesper des Gründonnerstags bis zum Ostersonntag, in denen dieses Grundgeheimnis unseres Glaubens gefeiert wird, sind darum der Kern des ganzen Kirchenjahres. In der liturgischen Praxis hat dies vor allem Papst Pius XII. mit seinen weisen liturgischen Reformen der 50er Jahre des letzten Jahrhunderts den Gläubigen neu ins Bewusstsein gerufen.
Was Christus der Wirksamkeit nach in seinem Pascha für alle Menschen aller Zeiten erworben hat, muss sich jeder Einzelne durch Glaube und Sakramente der Kirche persönlich zuwenden lassen. Wohin Christus durch seine Auferstehung gelangt ist, dorthin sollen alle Glieder seines geheimnisvollen Leibes folgen. Mit dem Auferstandenen sollen die Christen teilhaben an seinem Sieg über Tod und Teufel – dies geschieht zuallererst im Sakrament der Taufe. Deshalb ist auch bis heute der erste und eigentliche Tauftermin der Kirche die Osternacht.

Mit Ostern verband man das Gedächtnis der Himmelfahrt des Herrn und das Pfingstfest, außerdem kam eine Vorbereitungszeit (Fastenzeit) hinzu, die sechs Wochen vor Ostern mit dem Aschermittwoch beginnt. So bildete sich ein ganzer Kreis von liturgischen Feiern um das Osterfest: der Osterfestkreis, der mit dem Pfingstsonntag endet. Es sind vierzig Tage der ernsten Vorbereitung („Quadragesima") und fünfzig Tage der Auferstehungsfreude („Pentekoste"/„Quinquagesima"), deren Erkennungsruf das jubelnde „Halleluja" ist.

Ein festes Datum gibt es für das Osterfest nicht. Nach langen Streitigkeiten in der frühen Kirche gilt: Es wird am Sonntag nach dem ersten Frühlingsvollmond begangen.

Die Kraft des Ostergeheimnisses war so groß, dass sie von Anfang an nicht auf den eigentlichen Osterfestkreis beschränkt blieb. Sooft die alte Kirche das Opfer Christi, seinen Tod und seine Auferstehung feierte, feierte sie Ostern. Das tat sie in besonderer Weise am Sonntag. So ist bis heute der Sonntag, der Tag des Herrn, gleichsam ein wöchentliches Osterfest im Kleinen. Er hat den Sabbat der Juden als heiliger Tag des Neuen Bundes abgelöst.

Zum Osterfest trat schon früh (nach dem Jahr 300 bezeugt) ein zweites Hochfest hinzu, das Weihnachtsfest. Vor allem in Rom feierte man den Geburtstag des Herrn am 25. Dezember, während in anderen Regionen mehr der Epiphanietag (6. Januar, Erscheinung des Herrn) im Vordergrund stand. Der 25. Dezember ist der Tag des heidnischen Sonnengottes: An seine Stelle tritt die Verehrung der „wahren Sonne" Jesus Christus.

Durch die Verschmelzung der Vorbereitungszeiten zu Weihnachten und Epiphanie, wie sie sich regional unterschiedlich ausgebildet hatten, entstand der Advent (vier Wochen vor Weihnachten). Er ist eine Zeit der ungeduldigen Erwartung auf den kommenden Christus (in der Menschwerdung und am Ende der Zeiten), geprägt vor allem von den Verheißungsworten der Propheten. Ein wertvolles Erbe liturgischer Dichtung sind die sieben „O-Antiphonen" der letzten Wochentage vor Weihnachten, die mit den großen Bildern des Alten Testamentes auf Jesus Christus vorausdeuten.

Außerdem ging man dazu über, auch das Geburtsfest des Herrn länger als nur einen Tag zu feiern, und „verlängerte" es in die folgende Woche hinein („Oktav"). Auch das Osterfest hat eine solche eigene Oktav. In der orthodoxen Kirche liegt der Schwerpunkt des Weihnachtsfestes auf dem „Fest der Erscheinung des Herrn" (= Epiphanie, Heilige Drei Könige): Christus zeigt seine Gottheit vor der Welt – die Völker, symbolisiert durch die drei Weisen, kommen und beten an. Bekannte Feste innerhalb der Weihnachstoktav sind auch die Gedenktage der so genannten „Gefährten Christi" (der unmittelbar nach Weihnachten gefeierten Heiligen): Stephanus, der Apostel und Evangelist Johannes und die Unschuldigen Kinder (26., 27., 28.12.). Die Weihnachtszeit endet heute mit dem Fest der Taufe des Herrn (Sonntag nach Erscheinung des Herrn). Im Zusammenhang mit dem weihnachtlichen Festgeheimnis stehen auch das Hochfest der Gottesmutter Maria am 1. Januar (früher: Beschneidung des Herrn) und das Fest Mariä Lichtmess (Darstellung des Herrn im Tempel) am 2. Februar.

In der Zeit zwischen den beiden großen Festkreisen liegen die sog. „Sonntage im Jahreskreis". Die Zeit im Jahreskreis umfasst 33 oder 34 Wochen und beginnt mit dem Sonntag nach dem 6. Januar und endet am Samstag vor dem 1. Adventssonntag. Früher zählte man die „ereignislosen" Sonntage im Kirchenjahr als „Sonntage nach Pfingsten" bzw. Epiphanie. Als Erkennungszeichen dienten die Anfangsworte der Eröffnungspsalmen (Introitus), wie heute noch im protestantischen Kirchenkalender.

Hinzu kommen während des ganzen Jahres die verschiedenen Feste des Herrn und der Heiligen.

Die Herrenfeste nehmen den ersten Rang ein: Verkündigung des Herrn (25. 3.), Fronleichnam (zweiter Donnerstag nach Pfingsten), Dreifaltigkeitssonntag (Sonntag nach Pfingsten),

Herz-Jesu (dritter Freitag nach Pfingsten) und Christkönig (letzter Sonntag im Jahreskreis) sind die wichtigsten von ihnen. Sie alle greifen einen besonderen Aspekt des Christusereignisses heraus, feiern aber in Wahrheit immer die ganze Person des Erlösers unter dieser bestimmten Hinsicht. Gerade manche „Ideenfeste", wie die Liturgen etwas abschätzig solche Feste nennen, die sich auf kein konkretes heilsgeschichtliches Ereignis beziehen, haben in Wirklichkeit die Emotion der Menschen ganz besonders berührt, wie man beispielhaft an der Herz-Jesu-Frömmigkeit erkennen kann.

Die Heiligen wurden ursprünglich nur am Jahrestag ihres Todes (d.h. ihres „Geburtstages für den Himmel") und am Ort ihres Begräbnisses geehrt. Später feierte man auch die Heiligen anderer Kirchen und Gegenden.[96] Gewisse Heilige (z.B. die Apostel) wurden wegen ihrer großen Bedeutung von Anfang an in der ganzen Kirche verehrt. Anfangs wurden nur die Apostel und die Märtyrer als Heilige verehrt, später (ab dem 4. Jahrhundert) schloss man die Nichtmärtyrer, die Bekenner, Jungfrauen und die Gottesmutter, ab dem 5. Jahrhundert auch die Engel mit ein. Vor allem die Marienfeste haben im Laufe der Zeit eine herausragende Stellung in der liturgischen Ordnung und eine außerordentliche Beliebtheit beim gläubigen Volk erlangt.

Es ist letztlich immer Christus, den die Kirche in den Heiligen ehrt. Was die Heiligen haben und sind, das haben sie ja von Christus und sind sie durch Christus. Vom ihm gehen sie aus, zu ihm führen sie hin. Sie sind das Werk des Herrn, sie strahlen seine Liebe aus. In der Krönung ihrer Verdienste, so sagt es eine Präfation des Messbuches, krönt Gott das Werk seiner Gnade. Deshalb wird das Opfer der Messe nur Gott dargebracht, nicht den Heiligen. Es wird aber Gott dargebracht „zu Ehren der Heiligen, d.i., um Gott für die von ihnen errungenen

---

[96] Noch heute bedeutet ja die „Seligsprechung" eines Heiligen, dass er in einem bestimmten „Gebiet" der Kirche verehrt werden darf, während „Heiligsprechung" heißt, dass die Verehrung auf die ganze Kirche ausgedehnt wird.

Siege zu danken und sie um ihre Fürbitte anzuflehen" (Konzil von Trient, 22,3). Wir feiern die Heiligen, weil wir dafür danken, dass die Gaben, die Gott ihnen geschenkt hat, nicht ihnen allein, sondern der ganzen Kirche gehören.

Noch einmal ist zu betonen: Das Kirchenjahr ist nicht nur „eine leblose Darstellung längst vergangener Dinge oder eine bloße Erinnerung an Ereignisse aus einer früheren Zeit. Es ist vielmehr Christus selbst, der in seiner Kirche weiterlebt. Er geht da den Weg seines unermesslichen Erbarmens, den er in seinem sterblichen Leben in der liebevollen Absicht begonnen hat, dass die Menschen seine Heilstaten erfassten und in ihnen sozusagen lebten" (Pius XII., Enzyklika „Mediator Dei"). Im Laufe des Kirchenjahres wird der Reichtum des Erlösungswerkes Christi vor den Augen der Gläubigen in der Absicht ausgebreitet, dass „alle an den Heilstaten Christi so teilnehmen, dass Christus, das Haupt, in den einzelnen Gliedern seines mystischen Leibes das Leben seiner vollkommenen Heiligung entfalten kann" (ebd.).

Immer wieder wird so das Erlösungswerk des Herrn in den verschiedenen Zeiten des Kirchenjahrs vergegenwärtigt – zu unserer Heiligung: An Weihnachten soll Christus *in mir* geboren werden, an Ostern soll *ich* Anteil erhalten am Sieg des Herrn, am Pfingstfest wird *mir* die Gabe des Heiligen Geistes geschenkt. Die Feste der Kirche wollen uns mit hineinnehmen in das Erlösungswerk Christi, sie sind gleichsam offene Türen, die uns einladen, durch die sichtbare Welt zur unsichtbaren zu gelangen, durch Zeichen und Symbole hindurchzuschreiten – auf Christus hin.

Kapitel 6

**Das Erste Hochgebet –
Der Römische Messkanon**

Bei der Feier der Messe stehen dem Zelebranten heute eine Vielzahl von Hochgebeten zur Verfügung, aus denen er auswählen kann. Im Zuge der Neuordnung der Liturgie nach dem Zweiten Vatikanischen Konzil wurden neben dem bisherigen Hochgebet, dem Römischen Kanon (der fortan als „Erstes Hochgebet" im Messbuch seinen Platz hat), drei weitere neue Hochgebete eingefügt. In den letzten Jahren sind außerdem verschiedene weitere Texte zugelassen worden (Hochgebete bei besonderen Anlässen, Hochgebete für die Feier von Kindermessen usw.).

Im Unterschied zu vielen der anderen Hochgebete ist der Römische Kanon kein „neuer" Text. Seine Gestalt ist fast unverändert (mit Ausnahme der Wandlungsworte, die umgestellt worden sind, s.u.) aus dem vorherigen römischen Messbuch übernommen worden – auch wenn viele der Riten und Gesten, die dieses Hochgebet begleiteten, heute weggefallen sind.

Wenn bei der Feier der Messe das Erste Hochgebet verwendet wird, dann betet der Priester mit uralten Worten. Das Erste Hochgebet ist ein Hochgebet mit Geschichte. Generationen vor uns sind mit ihm großgeworden und haben es zum festen Bestandteil ihres Glaubens und Betens werden lassen. Es ist ein Hochgebet mit Tradition, mit Wurzeln, die in die frühe Zeit der Kirche zurückreichen. In ihm verbinden sich Form und Stil der römischen Antike mit Geist und Sprache der Hl. Schrift. Es ist das Hochgebet der Heiligen, so vieler Menschen, die vor uns gelebt und geglaubt haben und heute noch in der großen Gemeinschaft der Kirche mit uns verbunden sind.

Zugleich ist es aber auch ein sehr aktuelles Hochgebet, weil es eine unmissverständliche und klare Sprache spricht! Das ganze „Geheimnis des Glaubens", die ganze katholische Lehre über die heilige Messe, kommt in diesem Gebet zum Ausdruck. Das Konzil von Trient hat ausdrücklich die Irrtumslosigkeit und die erhabene Frömmigkeit des Römischen Kanons in seiner Lehre über das Messopfer erwähnt (DH 1745).

Es ist darum schade, dass das Erste Hochgebet heute nur noch selten bei der Messfeier gebetet wird. Häufig wählen die Zelebranten aus Zeitgründen eines der kürzeren Formulare aus. Der Römische Kanon ist so vielen Christen fremd geworden. Seine Schönheit, seine vollendete Form, sein ehrwürdiges Alter und seine bleibende Aktualität werden oft nicht mehr gesehen.

Wer sich aber einmal auf dieses Gebet eingelassen hat, wer versucht, sozusagen „hinter die Kulissen zu schauen", der wird von diesem Gebet gepackt. Jedes Wort, jeder Satz hat eine eigene Bedeutung, ist wie eine Tür, die sich dem aufmerksamen Beter öffnet und das „Geheimnis des Glaubens" in immer neuem Glanz erstrahlen lässt.

Zur Geschichte des Römischen Messkanons

Man muss weit in der Geschichte zurückgehen, um den Ursprung des Römischen Kanons zu entdecken. Die heutige Textgestalt hat sich in den ersten Jahrhunderten der Kirche entwickelt. Die ältesten Schichten des Textes reichen tief in die jüdische und in die römisch-griechische Überlieferung hinein. Andere Teile kamen im Laufe der ersten Jahrhunderte hinzu. Die früheste Entstehungsgeschichte des Römischen Kanons liegt im Dunkeln. In Rom war es ursprünglich wohl üblich, anhand von festgelegten Schemata Teile des Hochgebets in einer freien liturgischen Form zu beten. Doch bald setzte sich eine feste Vorlage durch. Während die Gebetssprache zunächst das Griechische war, wird in einer Schrift aus dem Jahr 382 der Text des Kanons erstmals auf Lateinisch zitiert. Als Urheber des Kanons in seiner jetzigen Grundgestalt darf man wohl Papst Damasus (+ 384) und Ambrosius von Mailand (+ 379) bezeichnen.

Auch in den nachfolgenden Jahren und Jahrhunderten kam es immer wieder zu einer Ausgestaltung des Kanons, behutsam wurden kleinere Veränderungen vorgenommen. Doch seit Gregor dem Großen (+ 604) bis zum Zweiten Vatikanum blieb der Text dann unverändert!

Theodor Schnitzler[97] fasst die Geschichte des Kanons kurz mit dem Wort „Werk der Heiligen" zusammen, denn die Form dieses Gebets reicht zurück in das Alte und Neue Testament; die frühkirchlichen Märtyrer und viele andere Heilige haben dem Hochgebet seinen Charakter, seine Prägung verliehen.

Das Thema des Hochgebets

Das „Thema" des Hochgebets, das sich wie ein roter Faden durch den ganzen Kanon zieht, lautet: Gotteslob durch Christus. Dies beginnt schon in der Präfation und zieht sich hin bis zur Konsekration: Lob sei Gott durch Christus, der am Abend vor seinem Leiden das Brot nahm ... Bis zum Ende des Hochgebetes wird dieser Bogen gespannt: *Durch ihn und mit ihm und in ihm ist dir, Gott, allmächtiger Vater, in der Einheit des Heiligen Geistes alle Herrlichkeit und Ehre jetzt und in Ewigkeit. Amen.*

In den verschiedenen Abschnitten (Strophen) des Hochgebets wird dieser Grundgedanke entfaltet und von verschiedenen Seiten beleuchtet. Präfation und Sanctus, die man heute wieder als Teile der Hochgebete betrachtet, werden traditionell nicht zusammen mit dem römischen Kanon gedruckt.

---

[97] Vgl. (auch für den folgenden Text): Th. Schnitzler, Die Messe in der Betrachtung, 2 Bde. (Freiburg-Basel-Wien [7]1962). Ders., Der Römische Messkanon in Betrachtung, Verkündigung und Gebet (Freiburg-Basel-Wien 1968).

Die einzelnen Strophen

DAS ERSTE HOCHGEBET   CANON ROMANUS

Bitte um Segnung und Annahme der Opfergaben / Te igitur

Dich, gütiger Vater, bitten wir durch deinen Sohn, unseren Herrn Jesus Christus: Nimm diese heiligen, makellosen Opfergaben an + und segne sie. Wir bringen sie dar vor allem für deine heilige katholische Kirche in Gemeinschaft mit deinem Diener, unserem Papst N., mit unserem Bischof N. und mit allen, die Sorge tragen für den rechten, katholischen und apostolischen Glauben. Schenke deiner Kirche Frieden und Einheit, behüte und leite sie auf der ganzen Erde.	Te igitur, clementissime Pater, per Iesum Christum, Filium tuum, Dominum nostrum, supplices rogamus ac petimus, uti accepta habeas et benedicas + haec dona, haec munera, haec sancta sacrificia illibata, in primis, quae tibi offerimus, pro Ecclesia tua sancta catholica: quam pacificare, custodire, adunare et regere digneris toto orbe terrarum: una cum famulo tuo Papa nostro N. et Antitiste nostro N. et omnibus orthodoxis atque catholicae et apostolicae fidei cultoribus.

Das Hochgebet beginnt mit einer Bitte um die Segnung und Annahme der Opfergaben. Von nun an handelt der Priester, so haben wir schon häufig betont, ganz „in persona Christi". Christus ist derjenige, der jetzt durch den Priester wirkt. Zugleich betet der Priester im Namen der ganzen Kirche. Liturgische Gebete sagen „wir", nicht „ich". Diese Bitten werden „durch Christus" ausgesprochen. Kirche und Christus sprechen und wirken hier in engster Verbindung. Er durch uns – und wir durch ihn.

Das ganze Hochgebet richtet sich an den himmlischen Vater. Brot und Wein, die Gaben, die wir zum Altar gebracht haben, werden mit dem Kreuzzeichen gesegnet. Sie sind ein Sinnbild für unsere Hingabe. Der Priester macht das Kreuzzeichen über den Gaben: Christus, der Gekreuzigte, ist der Mittler zwischen Gott und Mensch. „Niemand kommt zum Vater, außer durch mich" (Joh 14,6). Theodor Schnitzler bezeichnet den Anfangsteil in dieser Bitte um die Segnung und Annahme der Opfergaben als eine „Miniatur des christlichen Dogmas: der Vater – der Mittler, Sohn und Herr, Priester und Opfer – die opfernde und lobende Kirche – der sich demütig hingebende Mensch."

Zugleich wird deutlich, dass das Hochgebet auch unser persönliches Beten prägen soll: Beten – so zeigt uns der Text – heißt immer: durch Christus beten. Christus tritt für uns beim Vater ein, er spricht für uns zum Vater. Wir selbst müssen nicht viele Worte machen.

Die große Bitte Jesu (Joh 14,27; 17,11.20–23) wird beim eucharistischen Opfer zur ersten Bitte des Hochgebetes: Dass der gütige Vater seiner heiligen katholischen Kirche den Frieden und die Einheit schenke, dass er sie behüte und lenke. Der Priester betet für die ganze Kirche, für den Klerus, besonders für den Ortsbischof und den Papst, für alle Rechtgläubigen und Förderer des wahren Glaubens (damit könnten die Hirten der Kirche, aber auch schlicht alle Katholiken gemeint sein). Er betet für sie, und er betet mit ihnen.

Das bedeutet: Wenn wir um Annahme der Gaben bitten, stehen wir in der großen Gemeinschaft der Kirche und ihrer Hierarchie. Hierzu sind zwei Aspekte wichtig:

Zum einen handelt es sich um ein fürbittendes Gedenken: Wir treten ein für die Hirten der Kirche und ihre Aufgaben überall in der Welt, wir beten für die Ausbreitung des Glaubens, für die Mission.

Zum anderen wird deutlich, dass es keine Liturgie geben kann ohne die Verbindung mit der Gesamtkirche, die in der Gemeinschaft mit dem Papst und dem Ortsbischof deutlich wird.

Spaltung und Irrlehre gehören für die Kirche zu den schlimmsten Übeln. Es kann keine echte eucharistische Gemeinschaft geben, die nicht zugleich auch eine päpstliche und bischöfliche ist – dies ist zu bedenken, wenn man die heute vielerorts laut werdenden Forderungen nach der „Interkommunion", nach einer „ökumenischen" eucharistischen Gottesdienstgemeinschaft bewerten will. Sie wäre nur dann möglich, wenn es wirklich „eine Herde und einen Hirten" gäbe.

Gedächtnis der Lebenden / Memento

Gedenke deiner Diener und Dienerinnen N. N. (für die wir heute besonders beten) und aller, die hier versammelt sind.	Memento, Domine, famulorum famularumque tuarum N. et N. et omnium circumstantium,
Herr, du kennst ihren Glauben und ihre Hingabe:	quorum tibi fides cognita est et nota devotio,
Für sie bringen wir dieses Opfer des Lobes dar, und sie selber weihen es dir für sich und für alle, die ihnen verbunden sind,	pro quibus tibi offerimus: vel qui tibi offerunt hoc sacrificium laudis, pro se suisque omnibus: pro redemptione animarum suarum, pro spe salutis et incolumitatis suae:
für ihre Erlösung und für ihre Hoffnung auf das unverlierbare Heil.	tibique reddunt vota sua aeterno Deo, vivo et vero.
Vor dich, den ewigen, lebendigen und wahren Gott, bringen sie ihre Gebete und Gaben.	

Zum Opfer gehören alle anwesenden Gläubigen. Es sind die „circumstantes", die sich „um den Altar herum" versammelt haben. Sie sollen zusammen mit dem geweihten Priester eine „heilige Priesterschaft" werden, „um durch Jesus Christus

geistige Opfer darzubringen, die Gott gefallen" (1 Petr 2,5).
Hier wird ganz konkret die heute vielbeschworene „participatio actuosa", die „aktive Teilnahme" der Gläubigen bei der Feier der heiligen Messe beschrieben: Sie meint die glaubende und opfernde Hingabe an Gott, die sich in der Teilnahme an der hl. Liturgie ausdrückt. Der Text erinnert daran, dass die Gläubigen in alter Zeit noch mehr als heute durch konkrete Gaben die Feier des Gottesdienstes ermöglichten. Der Priester betet an dieser Stelle besonders für diejenigen, für die das Messopfer gefeiert wird. Früher wurden an dieser Stelle Namen aus kunstvoll gestalteten Blättern und Tafeln (Diptychen) vorgelesen – Namen aus der biblischen und kirchlichen Geschichte, Namen von Wohltätern und Stiftern. Dieser Brauch lebt heute noch fort, wenn in der Messe die „Intentionen" verlesen werden, also die Namen derjenigen, für die die Messe in besonderer Weise dargebracht wird.
In dieser Kanonstrophe wird zudem eine Ordnung des Betens deutlich: An erster Stelle steht das Lob und der Dank, dann erst folgt die Bitte. In der Bitte aber steht an erster Stelle die Sorge um das ewige Heil der Seele – für mich selbst und die Menschen, die mir anvertraut sind. Erst dann folgen alle übrigen Anliegen.

Im Alten Testament wird berichtet, dass Moses sich ein Brustschild anfertigen lässt, das mit zwölf Edelsteinen besetzt ist, die die Namen der zwölf Stämme Israels tragen. Mit diesem Schild geschmückt, versieht Moses den heiligen Dienst (Ex 29,8.10.14.24.29). Hier könnte eine schöne Allegorie anknüpfen: Man darf sich vorstellen, dass der Priester bei der Feier der Messe einen geistigen Brustschild trägt, worauf die Namen und Anliegen des Volkes verzeichnet sind, die er vor Gott trägt.

Gedächtnis der Heiligen / Communicantes

In Gemeinschaft mit der ganzen Kirche gedenken wir deiner Heiligen.

Wir ehren vor allem Maria, die glorreiche, allzeit jungfräuliche Mutter unseres Herrn und Gottes Jesus Christus.

Wir ehren ihren Bräutigam, den heiligen Josef, deine heiligen Apostel und Märtyrer:

Petrus und Paulus, Andreas, Jakobus, Johannes, Thomas, Jakobus, Philippus, Bartholomäus, Matthäus, Simon und Thaddäus, Linus, Kletus, Klemens, Xystus, Kornelius, Cyprianus, Laurentius, Chrysogonus, Johannes und Paulus, Kosmas und Damianus und alle deine Heiligen;

blicke auf ihr heiliges Leben und Sterben und gewähre uns auf ihre Fürsprache in allem deine Hilfe und deinen Schutz.

Communicantes, et memoriam venerantes, in primis gloriosae semper Virginis Mariae, Genetricis Dei et Domini nostri Iesu Christi: sed et beati Ioseph, eiusdem Virginis Sponsi, et beatorum Apostolorum ac Martyrum tuorum, Petri et Pauli, Andreae, Iacobi, Ioannis, Thomae, Iacobi, Philippi, Bartholomaei, Matthaei, Simonis et Thaddaei: Lini, Cleti, Clementis, Xysti, Cornelii, Cypriani, Laurentii, Chrysogoni, Ioannis et Pauli, Cosmae et Damiani et omnium Sanctorum tuorum;

quorum meritis precibusque concedas, ut in omnibus protectionis tuae muniamur auxilio.

(Per Christum Dominum nostrum. Amen.)

An besonderen Festtagen hat dieses Gebet einen eigenen Anfang, der das Festgeheimnis mit einbezieht.

Sein Inhalt lautet: Wir sind bei der Feier der Messe nicht allein, wir feiern sie in der Gemeinschaft der Heiligen. An erster Stelle wird – mit besonders vielen Ehrentiteln – die Gottesmutter Maria genannt, dann ihr Bräutigam, der heilige Josef (die Hinzufügung seines Namens geht auf den sel. Papst Johannes XXIII. zurück). Dann folgen die zwölf Apostel und zwölf in der römischen Kirche seit frühester Zeit besonders verehrte Märtyrer (noch keine Bekenner, deren Verehrung erst später einsetzte!). Sechs dieser Märtyrer sind Päpste bzw. Bischöfe, zwei Kleriker, vier Laien – eine wohl überlegte Auswahl, die alle Stände der Kirche berücksichtigt (nach der Wandlung folgen in der zweiten Heiligenliste auch heilige Frauen). Die Zahl 24 verweist auf die 24 Ältesten, die in der Offenbarung des Johannes genannt werden (4,4) und die rings um Gottes Thron stehen.

Zur Eucharistie feiernden Kirche gehört die große Gemeinschaft der Heiligen des Himmels. Sie sind „Berufungsinstanz" für uns auf Erden. Wo sie jetzt schon sind, so lautet die große Hoffnung dieser Kanonstrophe, werden wir alle einmal sein. Die Heiligen sind unsere himmlischen Fürsprecher, damit wir zu diesem Ziel gelangen.

Daneben erscheinen sie hier aber auch als Zeugen Christi: Aus ihrem Leben und Sterben können wir ablesen, was die Gnade Gottes im Leben eines Menschen vermag. Die Heiligen verweisen auf die enge Verbindung von echter Heiligkeit und der Feier des Messopfers, die aus ihr wie aus ihrer Quelle hervorgeht.

Die Heiligen sind schließlich auch die Begleiter des Herrn. Der Herr wird kommen mit seinen Heiligen – so lautet ein Ruf der Adventszeit. Die Apostel sitzen mit dem Herrn zu Gericht (Mt 19,28). Die Heiligen „richten" uns – ihre Liebe richtet unseren Hass, ihre Heiligkeit unsere Schuld, ihre Demut unseren Stolz. Das Hochgebet lädt uns an dieser Stelle immer wieder zur Umkehr ein.

Bitte um die Annahme des Opfers / Hanc igitur

Nimm gnädig an, o Gott, diese Gaben deiner Diener und deiner ganzen Gemeinde; ordne unsere Tage in deinem Frieden, rette uns vor dem ewigen Verderben und nimm uns auf in die Schar deiner Erwählten.	Hanc igitur oblationem servitutis nostrae, sed et cunctae familiae tuae, quaesumus, Domine, ut placatus accipias: diesque nostros in tua pace disponas, atque ab aeterna damnatione nos eripi, et in electorum tuorum iubeas grege numerari. (Per Christum Dominumnostrum. Amen.)

Das Opfer der Messe ist ein gemeinsames Opfer. Zusammen mit dem Priester (der im Kanon immer „Diener" heißt) bringt es nicht nur die Gemeinde „vor Ort", also die anwesenden Gläubigen, sondern die „ganze Gemeinde", die ganze Kirche als große Gottesfamilie dar.

An dieser Stelle, die bei einigen Feieranlässen etwas verändert wird (z. B. Ostern, Pfingsten), bitten wir um die Annahme der Opfergaben. Als Papst Gregor der Große diesem Gebet die letzte Form gab, hat er die große Bitte um den Frieden an die erste Stelle gesetzt, die Bitte um den Frieden für uns selbst und die ganze Kirche. Eine weitere Bitte betrifft das letzte Ziel des menschlichen Lebens. Wir bitten um die Bewahrung vor dem Verderben der Hölle und um die Aufnahme in den Himmel, in die ewige Herde des guten Hirten.

In diesem Gebet erklingt der Dreiklang: Christus ist unser Friede – Christus ist unser Retter – Christus ist unsere Vollendung.

Dabei können wir uns an das schöne Gebet erinnern, das die Gottesmutter in Fatima offenbart hat und das wir beim Rezitieren des Rosenkranzes einfügen. Auch darin steht das Bekenntnis zu Christus, unserem gütigen Retter und Vollender, im Mittelpunkt: „O mein Jesus, verzeih uns unsere Sünden, bewahre uns vor dem Feuer der Hölle, nimm alle Seelen in den Himmel auf, besonders jene, die deiner Barmherzigkeit am meisten bedürfen."

Wandlungsbitte, Epiklese / Quam oblationem

Schenke, o Gott, diesen Gaben Segen in Fülle und nimm sie zu Eigen an. Mache sie uns zum wahren Opfer im Geiste, das dir wohlgefällt: zum Leib und Blut deines geliebten Sohnes, unseres Herrn Jesus Christus.	Quam oblationem tu, Deus, in omnibus, quaesumus, benedictam, adscriptam, ratam, rationabilem, acceptabilemque facere digneris: ut nobis Corpus et Sanguis fiat dilectissimi Filii tui, Domini nostri Iesu Christi.

Der Text dieser Strophe ist nur schwer ins Deutsche zu übertragen. Mit fünf ähnlichen, teils aus der römischen Rechtssprache entlehnten Attributen wird das Opfer beschrieben. Mit den Gaben, so sagt es das Gebet, soll etwas geschehen. Was dies ist, erläutert uns auch die begleitende Geste des Priesters: Er breitet seine Hände über den Gaben aus.
In der Bibel ist die Handauflegung Zeichen der Übertragung des Heiligen Geistes. Auch in diesem Gebet, der sog. Epiklese („Herabrufung"), wird der Heilige Geist erfleht, obwohl er ausdrücklich hier gar nicht genannt wird. Zum ersten Mal im Hochgebet wird jetzt deutlich gesagt, dass diese Gaben bestimmt sind, Leib und Blut Christi zu werden. Das kann nur Gottes Geist selbst bewirken. So findet hier die Einleitung und in gewisser Weise der Beginn der Wandlung statt. In dem Ritus der orthodoxen Kirche wird die Herabkunft des Heili-

gen Geistes durch das Fächeln mit einem liturgischen Tuch symbolisch zum Ausdruck gebracht. Dabei wird gebetet: „Segne, Herr, das heilige Brot und mache dieses Brot zum kostbaren Leib deines Christus. Segne, Herr, den Kelch und mache, was im Kelch ist, zum kostbaren Blut deines Christus. Segne, Herr, beides und verwandle es durch deinen Heiligen Geist! Amen." (Liturgie des hl. Joh. Chrysostomus)

Konsekration / Qui pridie

Am Abend vor seinem Leiden nahm er das Brot in seine heiligen und ehrwürdigen Hände, erhob die Augen zum Himmel, zu dir, seinem Vater, dem allmächtigen Gott, sagte dir Lob und Dank, brach das Brot, reichte es seinen Jüngern und sprach:
NEHMET UND ESSET ALLE DAVON: DAS IST MEIN LEIB, DER FÜR EUCH HINGEGEBEN WIRD.
Ebenso nahm er nach dem Mahl diesen erhabenen Kelch in seine heiligen und ehrwürdigen Hände, sagte dir Lob und Dank, reichte den Kelch seinen Jüngern und sprach:
NEHMET UND TRINKET ALLE DARAUS: DAS IST DER KELCH DES NEUEN UND EWIGEN BUNDES, MEIN BLUT, DAS FÜR EUCH UND FÜR ALLE VERGOSSEN WIRD ZUR VERGEBUNG

Qui pridie quam pateretur accepit panem in sanctas ac venerabiles manus suas, et elevatis oculis in caelum ad te Deum Patrem suum omnipotentem, tibi gratias agens benedixit, fregit, deditque discipulis suis, dicens:
ACCIPITE ET MANDUCATE EX HOC OMNES: HOC EST ENIM CORPUS MEUM, QUOD PRO VOBIS TRADETUR.
Simili modo, postquam cenatum est, accipiens et hunc praeclarum calicem in sanctas ac venerabiles manus suas, item tibi gratias agens benedixit, deditque discipulis suis, dicens: ACCIPITE ET BIBITE EX EO OMNES: HIC EST ENIM CALIX SANGUINIS MEI NOVI ET AETERNI TESTAMENTI, QUI PRO VOBIS ET PRO MULTIS EFFUNDETUR

DER SÜNDEN. TUT DIES ZU MEINEM GEDÄCHTNIS. Geheimnis des Glaubens: Deinen Tod, o Herr, verkünden wir, und deine Auferstehung preisen wir, bis du kommst in Herrlichkeit.	IN REMISSIONEM PECCATORUM. HOC FACITE IN MEAM COMMEMORATIONEM. Mysterium fidei. Mortem tuam annuntiamus, Domine, et tuam resurrectionem confitemur, donec venias.

Der Augenblick der Wandlung ist der Höhepunkt des Hochgebetes. Wir stehen vor dem tiefsten Geheimnis unserer Erlösung. Christus handelt in diesem Augenblick ganz durch den Priester, der dem Herrn gleichsam Mund und Hände leiht. Worte und Gesten der Ehrfurcht begleiten den heiligen Augenblick. Unsere Gaben von Brot und Wein werden in den Leib und das Blut Christi gewandelt. Christus ist unter diesen Gestalten wirklich gegenwärtig, in seiner Gottheit und Menschheit, mit Leib und Seele – das blutige Kreuzesopfer des Herrn wird auf geheimnisvolle und unblutige Weise vergegenwärtigt.

Die Wandlungsworte haben in der Reform der Liturgie nach dem II. Vaticanum eine Umstellung erfahren. Die vorhergehende Form lautet:

Konsekrationsworte vor der Liturgiereform

Er nahm am Abend vor Seinem Leiden Brot in seine heiligen und ehrwürdigen Hände, erhob die Augen gen Himmel zu Dir, Gott, Seinem allmächtigen Vater, sagte Dir Dank, segnete + es, brach es und gab es Sei-	Qui pridie, quam pateretur, accepit panem in sanctas ac venerabiles manus suas, et elevatis oculis in caelum ad te Deum, Patrem suum omnipotentem, tibi gratias agens, bene+dixit, fregit, deditque discipulis suis,

nen Jüngern mit den Worten: Nehmet hin und esset alle davon: DAS IST MEIN LEIB. In gleicher Weise nahm Er nach dem Mahle auch diesen wunderbaren Kelch in seine heiligen und ehrwürdigen Hände, dankte Dir abermals, segnete + ihn und gab ihn seinen Jüngern mit den Worten: Nehmet hin und trinket alle daraus: DAS IST DER KELCH MEINES BLUTES, DES NEUEN UND EWIGEN BUNDES – GEHEIMNIS DES GLAUBENS – , DAS FÜR EUCH UND FÜR VIELE VERGOSSEN WIRD ZUR VERGEBUNG DER SÜNDEN. Tut dies, so oft ihr es tut, zu Meinem Gedächtnis.	dicens: Accipite, et manducate ex hoc omnes. HOC EST ENIM CORPUS MEUM. Simili modo, postquam coenatum est, accipiens et hunc praeclarum Calicem in sanctas ac venerabiles manus suas: item tibi gratias agens, bene+dixit, deditque discipulis suis, dicens: Accipite, et bibite ex eo omnes: HIC EST ENIM CALIX SANGUINIS MEI, NOVI ET AETERNI TESTAMENTI: MYSTERIUM FIDEI: QUI PRO VOBIS ET PRO MULTIS EFFUNDETUR IN REMISSIONEM PECCATORUM. Haec quotiescumque feceritis, in mei memoriam facietis.

Die Umstellung der Wandlungsworte hat dazu geführt, dass die mitfeiernde Gemeinde heute an dieser zentralen Stelle des Hochgebets bei dem Ruf „Geheimnis des Glaubens" direkt beteiligt ist. In ihrer Antwort bekennt sie ihren Glauben daran, was in der Messe geschieht.

Anamnese / Unde et memores

Darum, gütiger Vater, feiern wir, deine Diener und dein heiliges Volk, das Gedächtnis deines Sohnes, unseres Herrn Jesus Christus. Wir verkünden sein heilbringendes Leiden, seine Auferstehung von den Toten und seine glorreiche Himmelfahrt. So bringen wir aus den Gaben, die du uns geschenkt hast, dir, dem erhabenen Gott, die reine, heilige und makellose Opfergabe dar: das Brot des Lebens und den Kelch des ewigen Heiles.	Unde et memores, Domine, nos servi tui, sed et plebs tua sancta, eiusdem Christi, Filii tui, Domini nostri, tam beatae passionis, necnon et ab inferis resurrectionis, sed in caelos gloriosae ascensionis: offerimus praeclarae maiestati tuae de tuis donis ac datis hostiam puram, hostiam sanctam, hostiam immaculatam, Panem sanctum vitae aeternae et Calicem salutis perpetuae.

Der Auftrag des Herrn „Tut dies zu meinem Gedächtnis!" ist erfüllt worden. Die vorhergehenden Riten und Texte waren ganz auf den Augenblick der Wandlung hin ausgerichtet. Nun ist Christus gegenwärtig unter den Gestalten von Brot und Wein auf dem Altar.

In diesem der Wandlung folgenden Gebet, der Anamnese (= Gedenken, Erinnerung), wird noch einmal betend zum Ausdruck gebracht, worauf sich die ganze Feier bezieht. Durch das Leiden Christi, seine Auferstehung von den Toten und seine Himmelfahrt wird Christus zum einzigen Mittler zwischen Gott und Menschen, durch IHN preisen wir den Vater; weil ER es aufgetragen hat, können wir sein Opfer feiern.

In ihm werden die Gaben der Schöpfung verwandelt; im Menschen Christus kehren sie geheiligt, belebt und gesegnet zum Vater zurück. Der Weg vom Ursprung zum Ziel ist zurückgelegt – wie wunderbar ist der Tausch, der sich dabei vollzogen hat!

Durch die Gaben wird auch hier unsere persönliche Hingabe angesprochen: „Wir" bringen sie dar. Wir sollen uns mit dem Opfer Christi verbinden, uns in seine Bewegung hineinziehen lassen. Dann werden auch wir verwandelt und erlangen im Sakrament „Leben" und „Heil".

Die Heiligen des Alten Bundes / Supra quae

Blicke versöhnt und gütig darauf nieder und nimm sie an, wie einst die Gaben deines gerechten Dieners Abel, wie das Opfer unseres Vaters Abraham, wie die heilige Gabe, das reine Opfer deines Hohenpriesters Melchisedek.	Supra quae propitio ac sereno vultu respicere digneris: et accepta habere, sicuti accepta habere dignatus es munera pueri tui iusti Abel, et sacrificium Patriarchae nostri Abrahae, et quod tibi obtulit summus sacerdos tuus Melchisedek, sanctum sacrificium, immaculatam hostiam.

Die Bitte darum, dass sich unser Opfer mit dem Opfer Christi vereinen möge, wird jetzt weitergeführt. Wir berufen uns dabei auf die Heiligen des Alten Bundes, deren Opfer von Gott angenommen wurden: Abel, Abraham und der Hohepriester und König von Salem, Melchisedek. Alle drei gelten als prophetische Vorbilder Christi. Christus hat sich selbst als Lamm Gottes geopfert, „dessen Blut besser redet als das Abels" (Hebr 12,24). Wie Isaak das Holz für das Opfer selbst auf den Berg Moria trägt (Gen 22,9.12), trägt Christus sein Kreuz auf den Kalvarienberg. Die geheimnisvolle Gestalt des Melchisedek verweist darauf, dass Christus der einzigartige Hohepriester ist, der außerhalb aller bisherigen menschlichen Priesterordnungen steht.

So haben diese alttestamentlichen Ankündigungen und Vorbilder im Opfer Christi, das wir in der Messe feiern, ihre Erfüllung gefunden.

Die himmlische Kirche / Supplices

Wir bitten dich, allmächtiger Gott: Dein heiliger Engel trage diese Opfergabe auf deinen himmlischen Altar vor deine göttliche Herrlichkeit; und wenn wir durch unsere Teilnahme am Altar den heiligen Leib und das Blut deines Sohnes empfangen, erfülle uns mit aller Gnade und allem Segen des Himmels.	Supplices te rogamus, omnipotens Deus: iube haec perferri per manus sancti Angeli tui in sublime altare tuum, in conspectu divinae maiestatis tuae; ut, quotquot ex hac altaris participatione sacrosanctum Filii tui Corpus et Sanguinem sumpserimus, omni benedictione caelesti et gratia repleamur. (Per Christum Dominum nostrum. Amen.)

Man kann mit Fug und Recht sagen, dass sich bei der Feier der Messe Himmel und Erde berühren: Menschen, Engel und Heilige stimmen zusammen in das große Lob Gottes ein. Hier wird dem Beter gleichsam der offene Himmel vor Augen gestellt. Das Gebet verweist auf das 8. Kapitel der Offenbarung des Johannes, in dem die himmlische Liturgie beschrieben wird. Es ist das, was die Gotik durch ihre Architektur und der Barock durch seine gewaltigen Deckengemälde zu verdeutlichen suchte: Über dem Altar öffnet sich der Himmel, der Engel des Gebets trägt die Gebete und Opfergaben der Menschen vor den Thron Gottes. Es ist viel spekuliert worden, wer dieser Engel ist. Ist der Hl. Geist gemeint? Kann es sich um einen Engel aus der Offenbarung des Johannes (8,3) handeln? Thomas von Aquin und andere Theologen aus der Hochscholastik haben diesen Engel mit Christus selbst identifiziert: Er ist Opfergabe, Opferengel und Opferaltar zugleich.

Die Beschreibung der himmlischen Liturgie in der Offenbarung des Johannes mündet im Gericht über Welt und Menschen (8,5). Die Liturgie der heiligen Messe erfleht „alle Gnade und allen Segen des Himmels" (der Priester bekreuzigt sich zum Zeichen dafür an dieser Stelle). Das Messopfer spendet Leben, Segen, Gnade und Heil für die Menschen und für die Welt. Diese Opferfrüchte sollen vor allem uns, die wir der hl. Feier beiwohnen, zuteil werden. Wer hier in der Kommunion gläubig dem Herrn begegnet, braucht vor dem Gericht keine Angst zu haben.

Gedächtnis der Verstorbenen / Memento etiam

Gedenke auch deiner Diener und Dienerinnen (N. und N.), die uns vorangegangen sind, bezeichnet mit dem Siegel des Glaubens, und die nun ruhen in Frieden. Wir bitten dich: Führe sie und alle, die in Christus entschlafen sind, in das Land der Verheißung, des Lichtes und des Friedens.	Memento etiam, Domine, famulorum famularumque tuarum N. et N, qui nos praecesserunt cum signo fidei et dormiunt in somno pacis. Ipsis, Domine, et omnibus in Christo quiescentibus, locum refrigerii, lucis et pacis, ut indulgeas, deprecamur. (Per Christum Dominum nostrum. Amen.)

Das Gedächtnis der Verstorbenen hatte zunächst keinen festen Platz im Hochgebet. Es wurde wohl vorwiegend bei den besonderen Messen für die Toten gebetet, bis es dauernde Aufnahme fand. Bei der Messfeier steht die gesamte Gemeinschaft der Kirche vor Gott: die Christen auf Erden, die Heiligen, aber auch die Verstorbenen, für die die Kirche hier besonders bittet; sie können namentlich im Gebet erwähnt werden. Die Messe wird so zu einem solidarischen Akt, zu einem echten und wirklichen „Gemeinschaftserlebnis".

Mit dem „Siegel des Glaubens" ist das Sakrament der Taufe gemeint. Das „Ruhen in Frieden" bezieht sich noch nicht auf den Himmel, sondern meint den friedvollen Schlaf des Todes. Uralte biblische Bilder tauchen hier auf: Das „Land der Verheißung, des Lichtes und des Friedens" ist eine alttestamentliche Himmelsvorstellung (Ps 65,12 – Weish 4,7; 3,3 – Jer 6, 16). Christus selbst erwähnt sie (Lk 16,24).

Bitte um Aufnahme in die Gemeinschaft der Heiligen / Nobis quoque

Auch uns, deinen sündigen Dienern, die auf deine reiche Barmherzigkeit hoffen, gib Anteil und Gemeinschaft mit deinen heiligen Aposteln und Märtyrern: Johannes, Stephanus, Matthias, Barnabas, Ignatius, Alexander, Marcellinus, Petrus, Felizitas, Perpetua, Agatha, Lucia, Agnes, Cäcilia, Anastasia und mit allen deinen Heiligen; wäge nicht unser Verdienst, sondern schenke gnädig Verzeihung und gib uns mit ihnen das Erbe des Himmels.	Nobis quoque peccatoribus famulis tuis, de multitudine miserationum tuarum sperantibus, partem aliquam et societatem donare digneris cum tuis sanctis Apostolis et Martyribus: cum Ioanne, Stephano, Matthia, Barnaba, Ignatio, Alexandro, Marcellino, Petro, Felicitate, Perpetua, Agatha, Lucia, Agnete, Caecilia, Anastasia et omnibus Sanctis tuis: intra quorum nos consortium, non aestimator meriti, sed veniae, quaesumus, largitor admitte.

Noch einmal wird auf die Gemeinschaft der Heiligen verwiesen, die auch uns verheißen ist und die bei der Feier der heiligen Messe schon ansatzweise verwirklicht wird: „Ihr seid vielmehr zum Berg Zion hingetreten, zur Stadt des lebendigen Gottes, dem himmlischen Jerusalem, zu Tausenden von Engeln, zu einer festlichen Versammlung und zur Gemeinschaft der Erstgeborenen, die im Himmel verzeichnet sind; zu Gott, dem Richter aller, zu den Geistern der schon vollendeten Gerechten, zum Mittler eines neuen Bundes, Jesus, und zum Blut der Besprengung, das mächtiger ruft als das Blut Abels" (Hebr 12, 22ff.).

Die Reihe der genannten Heiligen wird von Johannes dem Täufer angeführt. Es folgen sieben männliche Märtyrer und sieben heilige Jungfrauen, alle wieder in Rom besonders verehrt[98]. Zusammen mit den 25 Heiligen der Strophe vor der Wandlung (wobei der hl. Josef der Heiligenliste ja erst später beigefügt wurde) wird die heilige Zahl 40 erreicht. Auch in diesen Heiligenlisten ist die ordnende Hand Gregors des Großen spürbar.

Theodor Schnitzler weist auf einen weiteren Aspekt dieses Gebetes hin, wenn er es als eine „Selbstfürbitte des zelebrierenden Klerus" bezeichnet. Demut, nicht klerikales Selbstbewusstsein spricht aus den Worten des Kanons (verstärkt durch den Ritus des Sich-an-die Brust-Schlagens): Trotz aller Schuld seiner Diener möge Gott das Opfer annehmen und Gnade und Segen schenken. Gnade und Segen – das ist gleichbedeutend mit einem Leben in der angeführten Gemeinschaft der Heiligen.

Unter diesem Aspekt sind die Worte eine ständige Mahnung für den zelebrierenden Priester: Liegt das Opfer der Kirche bei dir in reinen Händen?

---

[98] Die Reliquien von Marcellinus und Petrus befinden sich übrigens seit dem 9. Jahrhundert in Deutschland (Seligenstadt/Hessen).

Segen über die Gaben der Natur / Per quem haec omnia

Darum bitten wir dich durch unseren Herrn Jesus Christus. Denn durch ihn erschaffst du immerfort all diese guten Gaben, gibst ihnen Leben und Weihe und spendest sie uns.	Per Christum Dominum nostrum, per quem haec omnia, Domine, semper bona creas, sanctificas, vivificas, benedicis, et praestas nobis.

In der frühen Zeit der Kirche war es üblich, neben den Gaben von Brot und Wein auch andere Gaben für die Kirche, den Klerus und die Armen zu bringen. An der vorliegenden Stelle wurden solche „Gaben der Natur" gesegnet. Auch unsere Geldkollekte steht noch in dieser Tradition.

Der tiefere Sinn dieses Gebetes liegt aber in der Heiligung der Welt, der „consecratio mundi". Die mitgebrachten Gaben (wenn man so will, auch unsere Geldspende der Kollekte) stehen stellvertretend für den ganzen Kosmos und die ganze irdische Welt vor dem Altar. Die ganze Schöpfung ist für das Heil bestimmt: „Dann sah ich einen neuen Himmel und eine neue Erde ..." (Offb 21,12). Von der Eucharistie her kommt die Heiligung der Welt, für einen Augenblick wird der Altar zur Mitte des Universums.

Joseph Andreas Jungmann verweist auf eine weitere Interpretation dieses Gebetes: Er bezeichnet es als „Wandlungsdank" – Brot und Wein sind auf eine geheimnisvolle, unfassbare Weise verherrlicht und geheiligt worden. Sie wurden dazu erhoben, dass unter ihren Gestalten der Leib und das Blut Christi gegenwärtig werden.

Der große Lobpreis / Doxologie

Durch ihn und mit ihm und in ihm ist dir, Gott, allmächtiger Vater, in der Einheit des Heiligen Geistes alle Herrlichkeit und Ehre jetzt und in Ewigkeit. Amen.	Per ipsum, et cum ipso, et in ipso, est tibi Deo Patri omnipotenti, in unitate Spiritus Sancti, omnis honor et gloria per omnia saecula saeculorum. Amen.

Der Schluss des Hochgebetes wird von dem großen Lobpreis, der Doxologie, gebildet. Alles Beten und Singen wird hier zusammengefasst. Das große Thema des Kanons wird wieder aufgegriffen und zu einem großartigen Abschluss gebracht. Gottes Ehre ist der Sinn der ganzen Schöpfung und des menschlichen Lebens: *Homo creatus est ut laudet* – Der Mensch ist geschaffen, um zu loben! Diese Worte des heiligen Ignatius werden hier ausgefaltet. Der eigentliche Sinn der Schöpfung war durch die Realität der Sünde und des Bösen gestört worden. Durch die Erlösung schenkt Christus ihr den eigentlichen Sinn zurück. Auch wir werden durch, mit und in Christus fähig zum Gotteslob.

Durch Christus – der Mittler zwischen Gott und Menschen ist (1 Tim 2,5). *Mit* Christus, der das Haupt des geheimnisvollen Leibes der Kirche ist (Eph 4,15) und darin zugleich auch unser Bruder, in allem uns gleich außer der Sünde (Hebr 2,17). Und schließlich *in* Christus, dem eigentlichen und wahren Hohenpriester (Hebr 4,14), der der Weinstock ist, mit dem wir als Reben verbunden sind[99].

Das letzte Wort des Hochgebets spricht der Priester ge-

---

[99] Anders deutet J. Brinktrine (Die hl. Messe [Paderborn 1949] 226f.) die Zuordnung: „Durch Christus" – sein Mittleramt; „mit ihm" – dem Vater wird die Ehre zugleich mit dem Sohne zuteil; „in ihm" – im Sohne wird wegen des einen Wesens zugleich der Vater geehrt.

meinsam mit den Gläubigen: Amen. Theodor Schnitzler schreibt: „Dieses Amen ist das wichtigste Wort des Volkes bei der heiligen Messe." Das Amen ist die freudige, gläubige Zustimmung zum ganzen Hochgebet. Wenn wir das Amen sprechen, dann sprechen wir unser JA zum Opfer Christi, dann sprechen wir das JA zum großen Gotteslob der Kirche.

Weitere Bücher von

Jenseits der Klischees

36 Katholische Antworten

**Dieses Buch
war längst überfällig!**

Auf die 36 häufigsten Vorurteile, Klischees und Aus-
reden gegen die Kirche und den katholischen Glauben, deren sich auch viele Katholiken selbst bedie-
nen, gibt dieses Buch eine überzeugende Antwort!
Es räumt auf mit den falschen Vorstellungen,
Katholiken und Protestanten glaubten doch dassel-
be, alle Menschen kämen in den Himmel, man müs-
se sonntags nicht zur Kirche gehen, um ein guter
Christ zu sein, der Bußgottesdienst könne die
Beichte ersetzen, Priester hätten keine Ahnung von
Ehe und Familie oder Kinder sollten selber über
ihren Glauben entscheiden.
Ein argumentativ überzeugendes Buch, das
hilft, den katholischen Glauben besser zu verstehen.
Besonders geeignet auch für junge Menschen!
Taschenbuch, 160 Seiten, nur 5,00 €.

(Bei Abnahme von 10 Stück nur 40,00 €)

Ulrich Filler

Deine Kirche ist ja wohl das Letzte!

Fakten - Argumente - Standpunkte

Immer wieder ist die Kirche Angriffen ausgesetzt: Kreuzzüge, Hexenverbrennungen, Jungfrauengeburt, Unfehlbarkeit des Papstes, kirchliche Morallehre und Dogmen. Diese Verteidigungsschrift für die Kirche stellt sich all diesen Themen und widerlegt kurz und klar viele der weit verbreiteten Lügengeschichten über die Kirche und den Glauben. Kaplan Ulrich Filler gibt in diesem Buch prägnante Antworten, die nicht nur dem

einzelnen Gläubigen helfen, die Kirchen besser zu verstehen, sondern auch einfache Laien befähigen, mit Argumenten den Glauben zu verteidigen.

Mit einem Vorwort von Kardinal Joachim Meisner.

Gebunden, 144 Seiten, 7. Aufl., nur 6,00 €
(Bei Abnahme von 10 Stück nur 50,00 €)